LA CHINE ET LE DÉVELOPPEMENT EN R.D. CONGO

Analyse critique du contrat sino-congolais

Collection « Études africaines »
dirigée par Denis Pryen et son équipe

Forte de plus de mille titres publiés à ce jour, la collection « Études africaines » fait peau neuve. Elle présentera toujours les essais généraux qui ont fait son succès, mais se déclinera désormais également par séries thématiques : droit, économie, politique, sociologie, etc.

Dernières parutions,

Alexis NDABARUSHIMANA, *Le Burundi face aux besoins fondamentaux de sa population*, 2021.
Marie Agnès FEUKEU TCHOUMBA, *Le pouvoir de sanction de l'Union africaine. Analyse des mécanismes de coercition du système d'intégration régionale africain*, 2021.
Abdel Kader BONGO DOYENDZE, *Le Paléolithique en République du Gabon : Étude des industries préhistoriques du Haut Ogooué*, 2021.
Mamadou Bakaye DEMBELE, *L'échec d'une construction légale du droit des successions au Mali*, 2021.
Yassine KERVELLA-MANSARÉ, *La condition peule hier et aujourd'hui. Étude comparative de communautés : Guinée et Tchad*, 2021.
Saliou NGOM, *Femmes et politique au Sénégal. Les dynamiques imbriquées d'inclusion-exclusion de l'indépendance à nos jours*, 2021.
Jean OTEMIKONGO MANDEFU YAHISULE, *Elections et changement politique en République démocratique du Congo. Six décennies perdues pour le développement*, 2021.
Sylvain Sorel KUATE TAMEGHE, *La justice, ses métiers, ses procédures, OHADA, Union Africaine, CEEAC-CEMAC, CEDEAO-UEMOA, Nations Unies, Cameroun, 4ème édition*, 2021.
Adrien ELLA MENDENE, *L'approche par les compétences au Gabon*, 2021.

ETOYI ESELA Fidèle

LA CHINE ET LE DÉVELOPPEMENT EN R.D. CONGO

Analyse critique du contrat sino-congolais

L'Harmattan

5-7, rue de l'École-Polytechnique ; 75005 Paris

www.editions-harmattan.fr

ISBN : 978-2-343-24039-8
EAN : 9782343240398

La seule voie qui offre quelque espoir d'un avenir meilleur pour toute l'humanité est celle de la coopération et du partenariat.

Kofi Annan

IN MEMORIAM

A toi cher Papa Daniel Esela Odimba ! Nous avons appris ton décès dans des conditions indescriptible ; tu ne méritais pas ce sort, et maintenant cher papa, j'aimerais te dire que ton énergie a irradié nos années passées près de toi ; malgré l'apprêté de la vie, tu as vécu en brave et tu n'as laissé personne indifférent ; tu as toujours été insubmersible et capable de répondre. Mais, hélas ! La cruauté de la nature nous a arraché ton courage légendaire et ton franc parlé !

Repose en paix, cher papa.

DEDICACE

Aux autorités politico-administratives de la République Démocratique du Congo et de la République Populaire de Chine, pour un partenariat dont le reflet devrait être l'intérêt mutuel.

REMERCIEMENTS

Nous tenons à remercier le bon Dieu de nous avoir donné la force et le courage de mener à bien cet opus.

Nous adressons ensuite nos plus profonds remerciements au professeur Esambu Matenda-A-Baluba Jean Bosco Germain pour ses conseils avisés et ses recommandations décisives. Nous le remercions tout particulièrement pour la disponibilité et le soutien dont il a toujours su faire preuve à notre égard. Nous lui exprimons toute notre gratitude, pour l'affection et la gentillesse qu'il nous a toujours témoignées.

Sur cette lancé, Nous remercions de manière tonique le Professeur Ndabereye Nzita Paulin pour sa souplesse, son ouverture d'esprit et sa bonne humeur qui ont su nous laisser un couloir des débats afin d'enrichir cet ouvrage.

Merci à ces êtres incroyables qui restent pour moi mes complices de tout le temps, pour leur immense soutien et leur amour sans faille, mon épouse Pamela Etoyi, mes enfants Etoyi Odimba Dan, Etoyi Nfundiko Darrel, Etoyi Dembo Dalvine, Etoyi Omba Daiana et Etoyi Shako Dana.

INTRODUCTION

« *La convention minière RDC-Chine s'inscrit dans le contexte de la percée chinoise en Afrique, marquée par le premier Sommet Chine-Afrique, tenu à Beijing du 3 au 5 novembre 2006. Alors que la Chine n'intéressait plus personne* », affirme Collette Braeckman[1], *la Chine, elle, était preneuse. Désireuse de s'affirmer comme grande puissance sur la scène internationale, de déployer son savoir-faire, de s'assurer des sources d'approvisionnent.* »[2]

En effet, la présence de la Chine en République Démocratique du Congo (RDC) se définit par son caractère tardif mais fulgurant au regard d'une présence historiquement forte en Afrique subsaharienne. L'activisme diplomatique de la République Populaire de Chine (RPC) en RDC s'inscrit, à l'aube des années 2000, dans la politique extérieure d'un Etat chinois en quête de matières premières et de nouveaux marchés pour assurer son développement économique à des fins de stabilité politique et sociale. « *Année marquée par la signature du partenariat stratégique Chine-Afrique, 2006 symbolise aussi l'entame de « l'opportunité congolaise », pour Pékin. A Kinshasa, où l'élection présidentielle de Joseph Kabila sanctionne la fin de la période de transition, les promesses chinoises d'« aide alternative » au développement rencontrent les intérêts d'un Etat congolais financièrement dépendant des*

---

[1] Dans la Préface à Serge, M., et Beuret, M., *La ChineAfrique, Pékin à la conquête du continent noir,* Paris, Illustré, 2008.
[2] Muhigirwa Rusembuka, F., *Les enjeux de la convention minière RDC-CHINE. Analyse du contrat chinois par les experts*, Kinshasa, CEPAS, p.5.

bailleurs de fonds occidentaux pour son processus de (re) construction[1]. »

Fruit d'une convergence d'intérêts nationaux dans un contexte régional et international propice à l'approfondissement des relations diplomatiques « amicales » et de coopération économico-commerciale, l'implantation visible de la Chine en R.D. Congo engendre des réactions contrastées au sein de la société comme en dehors de l'Etat congolais : Eldorado ou péril jaune ? Consacrant pour certains une opportunité d'émancipation tant économique (en tant que levier concurrentiel sur le plan commercial) que politique (en tant que contrepoids potentiel sur la voie de l'autonomie), la présence chinoise participe pour d'autres d'un ré enclavement du Congo dans une forme nouvelle de dépendance Sud-Sud. Au-delà de cette polarisation, les débats portent également sur la capacité réelle ou perçue de la Chine à remettre en cause le rôle des puissances traditionnellement influentes en R.D.Congo. Outre les craintes de perte de compétitivité induite par sa présence grandissante dans la région subsaharienne, les pays de l'organisation de coopération et de développement économiques (OCDE) assistent plus singulièrement à la remise en cause du monopole financier des institutions internationales au sein desquelles ils sont largement représentés.

Par ailleurs, il sied de faire remarquer que l'avènement de ce contrat a suscité beaucoup d'espoirs d'autant plus qu'il était considéré comme une opportunité dans l'augmentation de la croissance économique. Mais, malheureusement la R.D. Congo qui est potentiellement riche en ressources naturelles (du sol et du sous-sol), est

---

[1] Wintgens, S., et Kabamba, B., « Le péril jaune en RDC : mythe ou réalité ? », in *L'Afrique, Nouveau terrain de jeu des émergents,* Paris, Karthala, 2014, p.36.

présentée comme le maillon faible du développement économique en Afrique. Les facteurs sont multiples qui freinent le financement de ce domaine alors qu'il joue un rôle déterminant dans la diversification des économies. Il y a un faible niveau de mobilisation des financements pour promouvoir la croissance économique. A ce facteur, il faut ajouter l'état piteux du réseau routier. *« Le réseau est très fragile de par sa construction initiale et se trouve détruit à 90%*[1] *»*. Aujourd'hui, les ouvrages de franchissement, ponts et bacs défectueux ne répondent plus aux normes de sécurité. L'état de délabrement du réseau routier ne permet plus la libre circulation des personnes et des biens surtout en milieu rural où il est pratiquement en état d'abandon. Et pourtant, la RD Congo possède d'énormes potentialités agricoles, source principale des revenus pour 70% de la population. Il est donc important, voire impérieux que les voies de desserte agricole soient régulièrement entretenues pour faciliter l'évacuation et l'écoulement des produits agricoles provenant des exploitations agricoles familiales, où qu'elles soient. Cependant, ces routes ne le sont pas.

En effet, ce livre mène une évaluation de l'impact du contrat sino-congolais sur le développement de la République Démocratique du Congo en examinant son contexte, sa philosophie et les moyens mis en œuvre par chacune des parties quant à ce, afin d'en déceler les avantages et/ou les dividendes de chacune des parties, et les incidences qu'il pourrait avoir sur l'appareil économique de la R.D. Congo en phase de reconstruction. Ici, nous précisons que la R.D. Congo a conclu un arsenal des contrats ou conventions dans différents domaines, mais dans le cadre de cette dissertation, il s'agit du contrat sino-congolais.

---

[1] Kiala & Kabamba, *Manuel des techniciens et PME des travaux HIMO en RDC*, Presses Universitaires du Congo, Kinshasa, 2013, p.14.

Offrir à la communauté scientifique, aux autorités publiques chinoises ainsi que congolaises, et à toutes les parties prenantes dans l'application des clauses du contrat sino-congolais une analyse approfondie sur l'incidence de ce dernier dans le développement de la R.D. Congo, tel est l'objectif poursuivi dans ce livre. Une telle analyse ne peux se faire que partant des indicateurs. Considérant que le développement, utilisé dans les sciences humaines, désigne l'amélioration des conditions et de la qualité de vie d'une population, et renvoie à l'organisation sociale servant de cadre à la production du bien-être, ce dernier est un outil essentiel dans :

✓ La création de l'emploi, la professionnalisation, la formation, le traitement salarial conséquent et progressif, avec toutes ses mesures de stabilisation sociales ;

✓ La réduction de la pauvreté, puisque qu'elle crée des services, des entreprises de sous-traitance, procure de la valeur ajoutée, etc.

En effet, nous nous basons sur des éléments sus évoqués afin d'apprécier l'incidence du contrat sino-congolais sur le développement de la R.D. Congo. Autrement dit, la création de l'emploi, la réduction de la pauvreté et l'innovation technologique sont pour nous des indicateurs nous permettant d'apprécier l'impact du contrat sino-congolais sur le développement de la République Démocratique du Congo.

- En R.D.Congo, l'emploi demeurerait un défi aussi bien quantitatif (création d'emplois décents dans le secteur formel) que qualitatif (amélioration des conditions de travail dans le secteur formel). Environ 80 % de la population active se trouverait en dehors du marché du travail et le taux de chômage est de 73 %. La catégorie de la population, située entre 15 et 64 ans, est occupée par les activités agricoles dans les exploitations familiales et le secteur informel. A ce jour, il ressort des différents domaines du secteur de l'emploi, du travail et de la prévoyance sociale que la R.D.Congo souffrirait notamment d'un faible taux d'emplois structurés qui se situerait autour de 4%, d'un faible taux de couverture sociale d'environ 2% et du développement du secteur informel non encadré situé à 94%. Le manque de travail, le climat des affaires peu incitatif; les faibles investissements publics et privés créateurs d'emplois décents, la destruction et le délabrement du tissu économique, la faible capacité d'épargne, le développement de l'économie informelle non encadrée, l'insuffisance des structures des microfinances ainsi que l'absence de structures d'encadrement efficaces poussent souvent les jeunes à la délinquance de toute sorte (banditisme, vol, débauche…). à l'Est du pays, des jeunes désœuvrés sont utilisés par les groupes armés.[1] Au regard de ce qui précède indiquons que les nouvelles activités des entreprises chinoises sont peu créatrices d'emploi pour les populations locales. Les contremaîtres chinois préfèrent importer leur main-d'œuvre, bon marché et efficace, travailleuse et habituée à ce genre de chantier, ce qui leur permet aussi de passer outre la difficulté de la langue et la barrière culturelle. Les quelques congolais employés sur les sites chinois reçoivent de faibles salaires et n'ont pas accès à une représentation syndicale. Le peu d'emplois générés seraient instables et non constants.

- La grande majorité de la population congolaise serait pauvre, et cette pauvreté présenterait plusieurs facettes dont : la faiblesse du revenu, la non satisfaction des besoins alimentaires, la difficulté d'accéder aux soins de santé, à la scolarisation et au logement décent, etc. L'incidence de la pauvreté, selon les simulations faites dans

---

[1] Rapport socio-economique 2011-12 et perspectives 2013, Ministère du Plan et de Suivi de la Mise en œuvre de la Révolution de la Modernité, p.32.

le cadre du DSCRP-2 en 2011, a été estimée à 70%, et la profondeur de la pauvreté estimée au cours de la même année est de 32.2%. En R.D.Congo, la pauvreté est caractérisée par une disparité entre milieu rural et milieu urbain. Elle s'est accrue entre 2005 et 2011 en milieu rural par rapport au milieu urbain. On dénombre environ huit ménages pauvres sur dix en milieu rural en 2011 contre moins de sept ménages sur dix en milieu urbain.[1]

- En matière d'innovation technologique, le constat serait amer d'autant plus qu'on ne remarque aucune avancée sur la maitrise et l'utilisation de la technologie afin de booster l'économie. Il a été souligné en sus que les contremaîtres chinois préfèreraient importer leur main-d'œuvre en raison de l'absence de l'expertise locale. Dans ces conditions, la Chine ne fait pas le transfert de technologie aux jeunes ingénieurs congolais qu'elle devrait recruter et former dans l'exécution et la réalisation des projets en République Démocratique du Congo. Car, c'est cette jeunesse qui assurera la relève demain et maintiendra fonctionnel toutes les infrastructures industrielles que la RDC acquiert aujourd'hui. Sans ce transfert de technologie, la RDC va être confrontée aux mêmes problèmes que ceux connus lors de son partenariat économique avec l'Europe comme l'indique Amin dans «l'échange inégal»[2]. Car, après le départ des européens au milieu des années 1990, il y a eu les fermetures successives de nombreuses usines industrielles et de multiples abandons pour faute de maintenance technique des infrastructures. De même que l'Occident se présentait à la fois comme l'impérialiste et

---

[1] Rapport socio-economique 2011-12 et perspectives 2013, Ministère du Plan et de Suivi de la Mise en œuvre de la Révolution de la Modernité, p.32.

[2] Amin, S., *L'accumulation à l'échelle mondiale, Critique de la théorie du Sous-développement*, Paris, éditions Anthropos, 1970, p.592.

l'oppresseur, civilisateur et défenseur des droits humains; la Chine apparaitrait aussi sous le double visage du sauveur et de l'exploiteur, du partenaire et du néo colonisateur.[1]

Pour que le contrat sino-congolais imprime un impact de manière significative le développement socio-économique de la République Démocratique du Congo, il faut consolider l'Etat de droit, car un Etat mieux géré demeure plutôt une nécessité et une condition sine qua non pour faire un bon usage de toutes les réalisations prévues, prioriser la construction des routes de desserte agricole car elles permettent en amont l'acheminement des moyens de production (tracteurs, camions, intrants agricoles, produits finis) des villes vers les zones de production agricole. En aval, elles permettent l'évacuation de l'output agricole des zones de production vers l'industrie manufacturière (grandes villes) et enfin de construire des parcs agro-industriels. Il faut ajouter également qu'il serait nécessaire de réviser le contrat afin de combler certaines lacunes.

Dans ce livre nous traçons la trajectoire historique de la coopération sino-congolaise à partir de sa morphogenèse jusqu' à sa stature actuelle. Nous dégageons également l'impact du contrat minier sino-congolais sur le développement de la RDC. In fine, ce livre ressort les perspectives du contrat sino-congolais sur le développement de la RDC.

---

[1] Nguyen, E., *Les relations Chine-Afrique: l'empire du Milieu à la conquête du continent noir*, Levallois Perret, Studyrama, 2009, p.131.

CHAPITRE 1
LA COOPERATION SINO-CONGOLAISE

La genèse de la coopération sino-congolaise peut être contextualisée dans le cadre de l'amitié sino-africaine qui a durée depuis bien longtemps. Sur cette lancée, ce chapitre s'évertue à analyser la percée chinoise en Afrique, découvrir le soubassement de la coopération sino-congolaise et les motivations des acteurs de la coopération sino-congolaise.

I. La percée chinoise en Afrique

I. 1. La Chine en Afrique

Bousculant les agendas internationaux du développement et redéfinissant les grands équilibres géopolitiques et économiques, la Chine n'a cessé depuis une quinzaine d'années d'élargir son champ d'action et de consolider sa présence en Afrique, traditionnel pré carré des puissances occidentales.

Approbation en 2004 par Pékin d'une ligne de crédit de 2 milliards de dollars au gouvernement angolais au grand dam des institutions financières internationales ; contrat exceptionnel annoncé en 2007 avec la République démocratique du Congo ; croissance des investissements dans les secteurs du cuivre en Zambie, du charbon au Zimbabwe, du pétrole au Soudan et au Gabon ; acquisitions à grande échelle de terres au Cameroun, en Ouganda et en Éthiopie ; rachat en 2007 de 15 % des parts de la plus grande banque sud-africaine (Standard) ; construction prévue ou en cours de nouveaux barrages (Zambie, Ghana, etc.) ; lancement de multiples projets d'infrastructure sur l'ensemble du continent (universités, voies ferrées, ports, routes, etc.) ; ballet incessant des diplomates chinois sur le sol africain… pas un jour ne se passe sans que les grands médias internationaux, tantôt outrés tantôt interloqués, ne se fassent l'écho de la geste chinoise en Afrique, tout en s'interrogeant sur ses implications et sur les motivations réelles qui la sous-tendent. [1]

Motif d'inquiétude pour les uns, opportunité à saisir pour les autres, l'émergence de cette « Chinafrique » n'a pas manqué non plus d'interpeller les acteurs institutionnels et les spécialistes du développement, sur fond de vives polémiques, d'oppositions et de positionnements tranchés et souvent stériles sur la nature et les implications, les mérites et les limites, les défis et les risques posés par ce rapprochement « inédit », symbolisé par le désormais très médiatisé et commenté Forum on China Africa Cooperation (Focac)[2].

À en croire certains éditorialistes occidentaux, la Chine serait littéralement en train de dévorer et d'inféoder l'Afrique. Galvanisée par sa formidable croissance économique et mue par sa quête éperdue de matières premières, la recherche de nouveaux débouchés et son désir d'accroître sa sphère d'influence, la Chine ferait primer la seule poursuite de ses intérêts sur toute autre considération. Derrière le voile rhétorique d'une nouvelle « solidarité Sud-Sud », elle poursuivrait une stratégie mûrie et planifiée de longue date, visant à imposer à l'Afrique un nouveau rapport de type colonial. Son souci affecté pour l'Afrique masquerait ni plus ni moins un tout autre agenda.[3]

---

[1] Delcourt, L., « La Chine en Afrique : enjeux et perspectives », in *Alternatives,* vol 18, Juillet 2011, pp.1-18.
[2] Beuret, M., et Michel, S., « La Chine a-t-elle un plan en Afrique ? », *Afrique contemporaine*, 4, n° 228, 2008, pp. 49-68.
[3] Beuret, M., et Michel, S., Art.Cit, pp. 49-68.

À cette suspicion sur les intentions réelles de la Chine, qui réactive à bien des égards le mythe du « péril jaune », sont venues se greffer les inquiétudes des institutions financières internationales et des bailleurs de fonds de l'OCDE. Tout en reconnaissant le rôle de la Chine dans la réinsertion du continent africain dans l'économie internationale et, dans une moindre mesure, l'efficacité de son aide, les donateurs « traditionnels » craignent par-dessus tout que la stratégie africaine de la Chine ne mine durablement les progrès réalisés par la communauté internationale en faveur des droits de l'homme, de la démocratie, de la bonne gouvernance, sinon les « efforts » consentis en matière de réduction la dette.

Et de pointer du doigt l'opacité des contrats signés entre Pékin et les capitales africaines, les prêts accordés à des gouvernements ne satisfaisant pas aux critères de solvabilité et de bonne gouvernance, le non-respect par les entreprises chinoises opérant en Afrique des standards internationaux sur le plan social et environnemental et surtout, le soutien politique, financier et militaire apporté à des régimes mis au ban de la communauté internationale, à l'instar du Soudan d'Omar El-Béchir et du Zimbabwe de Mugabe. Bref, l'offensive chinoise sur le continent s'apparenterait bien moins à un vecteur de développement qu'à un frein à la démocratisation et à un facteur d'instabilité au plan régional.

Des accusations rejetées en bloc par les officiels chinois qui ne manquent pas de rappeler la responsabilité historique des pays du Nord dans la dégradation des conditions d'existence en Afrique et leur incapacité jusqu'ici à relever les défis du développement. Et inversement de mettre en avant les vertus d'une coopération sino-africaine fondée sur une longue histoire d'amitié et de respect mutuel ; le rôle de la Chine dans la relance de la croissance en Afrique ; l'efficacité, la rapidité et le caractère non coercitif de son aide ou encore l'opportunité que représentent les importations chinoises à bas prix pour les consommateurs africains.[1]

Quant aux craintes des Occidentaux, les Chinois les attribuent au mieux à des préjugés infondés, au pire, à une frustration née du souci de perdre une zone d'influence historique. Un constat et une analyse que partagent publiquement de nombreux dirigeants et intellectuels africains, d'une part séduits par le « succès » du modèle de développement chinois et d'autre part, subjugués par l'opportunité offerte par la Chine de rompre les liens de dépendance qui attachent encore l'Afrique aux anciennes puissances occidentales.

Entre ces deux lectures radicalement opposées, mais à l'évidence situées, quel regard porter sur l'engagement chinois en Afrique ? Au-delà de la diabolisation a priori et de l'enthousiasme béat, quels sont les enjeux réels et les implications concrètes de la présence croissante en Afrique de la Chine ? Celle-ci représente-t-elle une menace ou une opportunité ? Un frein ou un instrument de développement ? Par-delà un débat international structuré par d'évidents tropismes (pro-occidentaux d'un côté, tiers-mondistes de l'autre), quels sont surtout les défis que pose cette percée chinoise sur le terrain aux populations africaines, et quel(s) regard(s) portent-elles sur cet engagement ? Avant d'oser un début de réponse à ces questions, il importe de placer la relation africaine dans un cadre d'analyse historique plus large, ceci afin de mieux saisir la nature, les ressorts, les enjeux et la portée de l'engagement chinois en Afrique.

En perçant l'Afrique, l'histoire sino-africaine a connu une nette évolution.

---

[1] Shaye, L., *La Chine, une opportunité et non une menace pour l'Afrique*, Paris, Fondation Gabriel Péri, 2008, p.12.

I. 2. L'évolution des relations sino-africaines

« La Chine s'est installée en Afrique et compte bien y rester… Du Caire à Cape Town, des îles de l'Océan indien au golfe de Guinée, traversant les savanes et les montagnes, un vent nouveau venu d'Orient souffle sur l'Afrique. » La citation aurait pu être extraite d'un article de presse commentant la récente ruée chinoise sur l'Afrique. Pourtant, elle est tirée de l'ouvrage East Wind over Africa : Red China's African Offensive rédigé en 1965 par John Colley, lequel mettait déjà en garde contre l'expansion tentaculaire de la Chine communiste en Afrique. C'est dire combien l'intérêt de la Chine pour l'Afrique n'est guère une nouveauté, pas plus que les réactions suscitées en Occident par une telle présence, mélange d'inquiétudes, de fantasmes et d'enthousiasmes. « Pour qui suit les relations entre la Chine et l'Afrique sur la longue durée, explique Jean-Raphaël Chaponnière, la fascination suscitée chez les analystes occidentaux par l'avancée chinoise fait figure de déjà vu ». Certes, la nature du rapport entre la Chine et l'Afrique a profondément changé depuis cette première percée chinoise sur le continent noir, avant que la Chine ne se replie ensuite sur elle-même pour se concentrer sur son propre développement. Replacer cette relation à la fois mouvante et complexe dans son historicité devrait nous permettre de mieux apprécier les fondements et les ressorts qui la sous-tendent.

En évoluant, l'engagement chinois en Afrique a eu des ressorts et un essor.

I. 3. Ressorts et essor de l'engagement chinois en Afrique

De l'appui aux mouvements indépendantistes et aux gouvernements non alignés au financement de grands travaux d'infrastructures et de projets dans des secteurs aussi divers que la pêche, le textile et l'agriculture, en passant par la construction de dispensaires et l'envoi sur le continent des fameux « médecins aux pieds nus », entre la Chine et l'Afrique, très tôt, se sont tissés des rapports étroits. Lesquels ont trouvé leur première formalisation dix à quinze ans après l'avènement de la République populaire (1949), avec l'établissement de liens diplomatiques et la signature d'accords de coopération avec l'Égypte de Nasser, l'Algérie de Ben Bella, le Ghana de Kwame Nkrumah ou encore la Guinée de Sékou Touré. À l'évidence, les ressorts de cette première poussée chinoise en Afrique relevaient alors plus de considérations idéologiques que d'intérêts économiques bien compris. La logique de l'aide directe l'emportait sur la logique commerciale.[1]

L'idéologie précédait l'entreprise. Outre le souci de Pékin d'élargir sa sphère d'influence politique et son désir de reconnaissance diplomatique, ce premier engagement chinois sur le continent était principalement mû par l'idée qu'existait, entre l'Afrique et la Chine, une même « communauté de destin et d'intérêt ». Après tout, comme l'Afrique, la Chine avait connu le joug colonial. Comme elle, son économie reposait alors sur une base essentiellement agricole. Pays pauvre, en proie à d'importantes difficultés internes, la Chine se faisait à l'époque un devoir d'aider financièrement l'Afrique au nom de cette communauté « afro-asiatique », de l'esprit de Bandung et de la solidarité Sud-Sud quitte à consentir à d'énormes sacrifices : « N'ayant pratiquement rien à offrir à l'Afrique, puisque ses difficultés sont connues de tous, ni grand-chose à acheter, manquant de moyens de paiement, la Chine populaire n'en fait pas moins un gros effort, car elle

---

[1] Chaponnière, J.R., « Un demi-siècle de relations Chine-Afrique. Évolution des analyses », in *Afrique contemporaine,* 4, n° 228, 2008, pp. 35-48

offre des crédits qu'elle-même sollicite du camp socialiste ».[1]

Dénonçant à la fois les pratiques du camp soviétique et celles du camp occidental, et soucieuse de contrer leur hégémonie sur le continent, la Chine proposera une troisième voie aux gouvernements africains. Il s'agira d'un modèle de coopération, de reconnaissance et de respect mutuel, lequel sera fondé sur huit grands principes, énoncés pour la première fois en 1964 à Accra par Zhou Enlai : égalité entre les partenaires, bénéfices mutuels, respect de la souveraineté, utilisation de dons ou de prêts sans intérêt et allégement des charges, renforcement du bénéficiaire, égalité de traitement entre exports chinois et locaux. Si leur signification a changé depuis cette première phase de la relation sino-africaine, ces principes constituent aujourd'hui encore le soubassement théorique qui oriente et régit pour l'essentiel l'aide chinoise à l'Afrique.

Le retour spectaculaire de la Chine sur le continent à compter des années 1990, après une relative éclipse, est intimement lié à la rapide conversion et extraversion de l'économie chinoise et à la mutation de son tissu productif suite aux réformes entamées par Deng Xiaoping fin 1978. Cette nouvelle période se caractérisera par des changements significatifs du point de vue du rapport entre la Chine et l'Afrique. Comme l'indique l'intensification des échanges entre la Chine et l'Afrique, lesquels ont été multipliés par huit depuis les années 2000, et par 100 depuis le début des années 1980, pour atteindre aujourd'hui plus de 100 milliards de dollars (106,8 milliards de dollars déjà en 2008), la logique commerciale a pris le dessus sur l'engagement idéologique. Et les mobiles économiques semblent aujourd'hui dominer les mobiles politiques. De

---

[1] Large, D., « Beyond the Dragon in the Bush: The Study of China-Africa Relations », in *African Affairs*, n°107, pp. 45-61.

même, comme le montre leur forte croissance, les investissements directs chinois, dont le stock était évalué à quelque 7,8 milliards de dollars en 2008, ont fini par primer sur l'aide au développement.[1]

Désormais, la quête de nouvelles ressources et de biens primaires et la recherche de nouveaux débouchés, indispensables à l'alimentation de la boulimique croissance chinoise, paraissent rendre caduque le vieux discours de solidarité Sud-Sud, même si les officiels chinois n'hésitent pas au besoin à le réactiver, suivant une ligne rhétorique témoignant d'une remarquable constance.

Plus que par le passé, le modèle et la stratégie chinoise de développement, offrant l'image d'une transition socio-économique réussie, couplée à des progrès très (re)marqués dans la lutte contre la pauvreté, séduisent et inspirent ces élites à la recherche d'une nouvelle voie de développement. Inversement, le modèle occidental fait de plus en plus figure à leurs yeux de repoussoir, y compris au sein de larges secteurs de la population échaudés par plus de deux décennies de réformes politico-économiques néolibérales.

Face au caractère indigeste des vieilles recettes servies à l'Afrique par les bailleurs de fonds traditionnels et à leur incapacité à répondre aux défis du développement, de plus en plus de dirigeants se tournent vers la Chine, à l'instar du président éthiopien Meles Zelawi qui, suite à la tournée africaine de Hu Jintao début 2007, exprimait dans un entretien un sentiment d'ores et déjà assez largement partagé sur le continent vis-à-vis de la Chine, lequel se double généralement d'une critique acerbe des stratégies occidentales : « Je pense que les Occidentaux auraient tort de croire qu'il leur suffit d'acheter la bonne gouvernance en Afrique… Ce que la Chine a réalisé taille en pièces cette

---

[1] Chaponnière, J.R., Art.Cit., pp. 35-48.

illusion. Elle (la Chine) ne met nullement en danger les réformes de bonne gouvernance et la démocratisation en Afrique. Car seuls ceux qui (comme la Chine) ont privilégié une croissance endogène avaient des chances de réussir »[1].

La crise financière de septembre 2008 va par la suite achever de discréditer le modèle néolibéral aux yeux de nombreux Africains, tout en renforçant dans le même temps la légitimité des stratégies de développement de la Chine et son approche par rapport à l'Afrique[2]. Ne pas prendre en compte cette évolution du regard et du sentiment africains ne donne qu'une vision tronquée de la portée, des enjeux et des implications de ce retour de la Chine en Afrique. Certes, il est légitime de parler d'« offensive » pour décrire l'implantation spectaculaire de la Chine en Afrique[3]. Mais encore faut-il garder à l'esprit que cette offensive n'a pu avoir lieu que parce que les élites africaines ont déroulé le tapis rouge à la Chine, privilégiant de plus en plus au consensus de Washington, longtemps présenté comme l'unique modèle politico-économique crédible après la fin de la guerre froide, ce que de nombreux commentateurs et analystes appellent désormais le « consensus de Pékin ».

En effet, dans l'évolution des relations sino-africaines, il s'avère nécessaire de souligner que le consensus de Pékin ouvre le débat sur la nouvelle vision de la coopération.

---

[1] Financial Time, « Ethiopia looks east to slip reins of Western orthodoxy », 6 Février 2007.
[2] Rebol, M., « *Why the Beijing Consensus is a Non consensus : Implications for Contemporary China-Africa Relations* », *Culture Mandala : Bulletin of the Centre for East-West Cultural and Economic Studies*, vol 9-1, Septembre-Décembre, 2010, pp. 7-20.
[3] Niquet, V., « L'offensive africaine de la Chine », in *La Lettre du centre Asie IFRI*, n° 11, 2 février, 2007.

I. 4. Une autre vision de la coopération : le consensus de Pékin

Si la dimension économique a pris le dessus sur la dimension idéologique dans la relation sino-africaine, la logique de coopération et les modalités de l'aide chinoise à l'Afrique n'en témoignent pas moins d'une remarquable continuité sur le plan des principes et du discours.[1]

Comme par le passé en effet, l'aide de la Chine à l'Afrique n'est officiellement pas assortie de conditionnalités politiques et économiques, Pékin, fidèle en cela aux grands principes qui commandent ses relations extérieures, se montrant réticent à intervenir dans les affaires intérieures des États, au nom du respect de la souveraineté nationale et du refus du droit d'ingérence. Une posture qui ne va pas sans crisper les bailleurs de fonds traditionnels et une partie des acteurs sociaux, mais qui séduit au contraire la plupart des gouvernements africains, non mécontents de rentrer dans un rapport débarrassé de la chape de plomb que représentent à leurs yeux les conditionnalités imposées par les Occidentaux, lesquelles sont généralement assorties de discours paternalistes et moralisateurs.

Bien davantage qu'autrefois cependant, l'aide chinoise est fortement adossée à d'autres types de flux (échanges commerciaux, investissements, etc.), au point qu'il est difficile de démêler ce qui relève de l'aide au développement stricto sensu, de la coopération économique ou encore de simples intérêts privés. Multiforme, l'aide chinoise à l'Afrique s'insère en fait dans un écheveau compliqué d'interventions, de relations et d'engagements, mêlant logique « opportuniste » de l'intérêt et logique « altruiste » du don, dimension politique et dimension

---

[1] Chaponnière J.R., Art.Cit., pp. 35-48.

économique. De là, la difficulté de cerner les montants exacts de cette aide selon les critères du CAD (Comité d'aide au développement regroupant les bailleurs de fonds membres de l'OCDE). [1]

Ainsi, au cours du très médiatisé sommet du Focac qui s'est tenu à Pékin à l'automne 2006, la Chine avait annoncé tout à la fois le doublement de l'aide au développement d'ici 2009, l'apport de 5 milliards de dollars sous forme de prêts préférentiels (3 milliards) et en crédits à l'export (2 milliards) ; un soutien de 5 milliards de dollars aux entreprises chinoises désireuses d'investir en Afrique ; l'annulation de la dette des pays pauvres très endettés (PTTE) africains ; la création sur le continent de zones économiques spéciales (ZES) ; l'augmentation (de 190 à 440) du nombre de produits africains exemptés de droits de douane à l'export vers la Chine ; le renforcement de la coopération technique dans les secteurs de l'agriculture, de la science et de la technologie et la construction d'un centre de conférence pour l'Union africaine à Addis-Abeba. Le multilatéralisme apparent de ces sommets et la générosité des montants annoncés ne doivent pas non plus dissimuler le fait que l'aide chinoise demeure bilatérale et fortement liée. « Plus précisément, la Chine lie aide et affaires de manière innovante en promouvant ses intérêts nationaux au travers de partenariats mutuellement bénéfiques mis en œuvre par un large spectre d'acteurs et d'instruments. De cette façon, l'aide au développement chinoise n'est pas vue comme un enjeu moral, mais comme un outil de persuasion politique et une manière d'adoucir l'entrée d'opérateurs économiques chinois sur le continent ».

Le plus souvent, cette aide est fournie via des packages deals, sorte de contrats de troc négociés d'État à État combinant investissements publics, semi-publics et privés,

[1] Delcourt, L., Art.Cit., p.25.

aides directes et dons, prêts concessionnels ou non, appuis techniques ou financiers, soutien aux entreprises chinoises et africaines, voire coopération de type militaire ou culturel. Dans les pays africains riches en ressources naturelles, le mode opératoire de ce type d'accord est relativement uniforme, si bien qu'il est devenu fréquent de parler de « modèle angolais » pour caractériser cette relation. Comment fonctionnent concrètement ces accords ? Dans le cas du package deal négocié avec la République démocratique du Congo (RDC), « les fonds ne sont pas directement prêtés au gouvernement africain, mais le gouvernement chinois mandate une entreprise publique chinoise de construction recevant généralement le soutien de l'EximBank (Banque chinoise d'investissement et d'import-export) pour réaliser des projets d'infrastructures avec l'accord du gouvernement africain concerné. Ensuite, en contrepartie de la provision de ces infrastructures, le gouvernement africain accorde à des entreprises chinoises (privées la plupart du temps), le droit d'extraire des ressources naturelles (pétrole, minerais, etc.), à travers l'acquisition de parts dans une entreprise nationale et de licences. Le package deal s'accompagne aussi de dons consacrés à la construction d'écoles, d'hôpitaux, ou de bâtiments de prestige (palais présidentiels ou stades de foot) par des entreprises chinoises ».[1] Pour suspicieuse que soit cette approche de l'aide aux yeux des Occidentaux, et en particulier par rapport aux intentions qui animent la Chine et aux énormes avantages qu'elle en tire, il faut bien garder à l'esprit les fondements théoriques et les justifications idéologiques qui la sous-tendent. Rappelons tout d'abord qu'officiellement la Chine ne déploie pas sa coopération au nom des Objectifs du millénaire pour le développement, approche qu'elle juge paternaliste et « assistantialiste », voire misérabiliste, mais au nom de la « solidarité Sud-Sud », de la tradition afro-

[1] Delcourt, L., Art.Cit., p.25.

asiatique et surtout d'une forme de partenariat d'égal à égal entre nations historiquement dominées, et vecteur de bénéfices pour chacune des parties, même si aujourd'hui les interdépendances économiques et les considérations pragmatiques ont pris le pas sur l'engagement idéologique. Un glissement d'ailleurs perceptible dans les discours des officiels chinois qui parlent désormais de partenariats stratégiques « gagnant-gagnant » et de complémentarité. Par cette relation qu'elle présente comme « gagnant-gagnant », la Chine entend en effet participer au développement de l'Afrique, sans pour autant lui indiquer la voie à suivre, en lui offrant son aide et son savoir-faire en contrepartie d'avantages, de concessions et de droits à finalité économique, lesquels, affirment les officiels chinois, seront en retour également profitables au continent, en contribuant au renforcement de son tissu productif. Cette vision de la coopération explique que l'essentiel de l'aide (70 % environ) se concentre dans des projets d'infrastructure : infrastructures routières et portuaires, chemin de fer, énergie et télécommunication, etc. Un domaine d'investissement longtemps négligé par les bailleurs de fonds traditionnels au profit du renforcement institutionnel et de la lutte contre la pauvreté, preuve qu'existe une certaine complémentarité entre l'aide chinoise et l'aide occidentale. Ne considérer la coopération sino-africaine que sous l'angle d'un engagement intéressé, d'une exploitation éhontée sans égard pour la démocratie et les droits de l'homme ou encore comme un simple rapport économique classique, dans lesquels les deux parties chercheraient ni plus ni moins à exploiter leurs avantages comparatifs respectifs, revient en fait à balayer une dimension essentielle nécessaire à la compréhension de la stratégie africaine de la Chine : la conception qu'elle se fait du développement et du chemin à emprunter pour l'amorcer.

À l'instar de la trajectoire suivie par la République populaire, les autorités chinoises mettent avant tout l'accent sur le renforcement de la base économique, laquelle est supposée en retour profiter à l'ensemble de collectivité. Ce modèle de développement note Girouard[1] « reconnaît avant tout un droit de la collectivité au développement. Il fait peu de place aux droits de la personne, tels que ceux-ci ont été pensés dans le cadre de la modernité occidentale. La démocratie non plus n'est pas entendue de la même manière, Pékin y voit (avant tout) un pouvoir exercé pour le peuple et dans son intérêt… » . Propre à la trajectoire chinoise, ce modèle n'en structure pas moins la relation sino-africaine, en exerçant un véritable attrait chez les élites qui y voient aussi, il est vrai, une justification bien commode pour se maintenir au pouvoir. En fait, par-delà les discours légitimateurs, le consensus de Pékin, affirme Jean-Raphaël Chaponnière, poursuivrait ni plus ni moins « les mêmes objectifs que le consensus de Washington en les déclinant différemment : le premier donne la priorité à la stabilité et au développement, alors que le second fait des réformes un préalable au développement et à la stabilité ». À ceci près que la Chine ne cherche pas à universaliser son modèle et moins encore à l'imposer. Plus sans doute que les bailleurs occidentaux, elle a conscience que son modèle n'est guère transposable comme tel, reconnaît l'hétérogénéité du contexte africain et accepte la cohabitation des stratégies de développement et la complémentarité des orientations. C'est pourquoi ce qui rendrait finalement la Chine si attractive aux yeux des Africains n'est pas tant le « succès » du modèle chinois que l'absence d'un consensus de Pékin unique.[2]

---

[1] Girouard, E., « La Chine en Afrique. Néocolonialisme ou nouvel axe de coopération Sud/Sud ? Un survol des enjeux », *Forum Afrique-Canada*, CCIC-CCCI, avril 2008, pp.22-38.
[2] Girouard, E., Art.Cit., pp.22-38.

II. Soubassement de la coopération sino-congolaise

II. 1. Le contexte historique de la coopération sino-congolaise

a) L'occupation de la Chine par le Japon

L'histoire nous renseigne que la Chine et la RDC ont eu en commun d'avoir été, à un moment de l'histoire, dominées et/ou colonisées.

La Chine attirait pendant le premier tiers du vingtième siècle, les convoitises financières des puissances, de même qu'elle avait éveillé déjà au dix-neuvième siècle, leurs ambitions commerciales si bien que l'accroissement massif et soudain des investissements occidentaux en Chine impliquait essentiellement un contrôle financier et politique plus poussé de l'Etat Chinois.[1] La Chine a surtout été convoitée par le Japon.

En effet, à la fin du dix-neuvième siècle, l'empire du milieu était entre les mains de six puissances de l'époque : l'Angleterre, la France, l'Allemagne, la Russie, les Etats-Unis et le Japon, qui le contrôlaient et y imposaient leurs traités.

Cependant, parmi toutes les puissances qui dominaient la Chine, c'est le Japon qui avait une plus grande ambition d'invasion et d'inféodation de celle-ci, si bien que le 18 Septembre 1931 il avait attaqué la Mandchourie. Notons que sa puissance économique et militaire lui assurait les moyens de cette conquête.

---

[1] Chesneaux, J., *L'Asie orientale aux XIXème et XXème siècles*, Paris, PUF, 1966, pp. 133 -142.

b) La colonisation de la RDC par la Belgique

D'entrée de jeu, faisons remarquer que l'histoire de la colonisation de la RDC par la Belgique fut émaillée par trois grandes périodes.

La période de l'Etat Indépendant du Congo, allant de 1885 à 1908 a marqué l'entrée officielle en colonisation, et s'est réalisée par l'affirmation d'un Etat indépendant. C'est seulement vingt-trois ans plus tard qu'il a acquis le statut officiel de colonie. Cette formule a été le génie du Roi des belges Léopold II, et fut consacrée en marge de la conférence de Berlin, par la déclaration de neutralité du 1erAoût 1885, qui a fixé l'appellation d' « Etat Indépendant du Congo » (EIC). Il s'est agi d'une colonie sans métropole.

La période du Congo belge, de 1908 à 1960. En effet, au début du vingtième siècle, il s'est avéré que le Congo ne pouvait plus longtemps demeurer une colonie sans métropole. Il fallait envisager autrement la suite de l'évolution de l'Etat, réformer le système d'exploitation. La conclusion qui s'imposait était de transférer la gestion du Congo à la Belgique. L'acte juridique de ce transfert est intervenu en 1908, et le nouvel Etat avait désormais une personnalité distincte de celle de la Belgique.[1]

La période de la République démocratique du Congo, née le Jeudi 30 juin 1960, à la suite de la déclaration officielle de l'indépendance du Congo belge. Cependant, le Congo a commencé sa marche vers la décolonisation au milieu des années 50.

En effet, cette relation s'est plus consolidée lors de l'éveil des pays du tiers monde.

---

[1] Ndaywel E Nziem, I., *Nouvelle historique du Congo, des origines à la République Démocratique du Congo*, Bruxelles et Kinshasa, Le Cri et Afrique Editions, 2008, p. 350.

II. 2. L'éveil des pays du Tiers- Monde

Ayant donc eu une histoire semblable la Chine et l'Afrique se sont témoignées une sorte de solidarité dans le malheur et ont eu la commune volonté de rompre avec l'impérialisme et travailler ensemble en vue de promouvoir leur développement. Cette solidarité s'est exprimée pour la première fois à la conférence de Bandung et s'est réaffirmée à travers les trois sommets Chine-Afrique.

a) La conférence de Bandung

La conférence de Bandung tenue du 18 au 24 avril 1955 à Bandung, en Indonésie, réunissant pour la première fois les représentants de 29 pays africains et asiatiques, a marqué l'entrée sur la scène internationale des pays du Tiers-Monde.[1] Elle a tout de même offert un cadre d'établissement des relations entre la Chine et l'Afrique, quand bien même elle n'a accueilli que six pays africains : l'Egypte, le Ghana, l'Ethiopie, le Libéria, le Soudan et la Libye ; ce qui reflète le fait que la plus grande partie de ce continent était encore sous le joug de la colonisation, y compris la « RDC ». Elle a néanmoins rapproché de la Chine des pays africains dont certains venaient de se libérer, comme elle, de longues années de domination extérieure.

Cette conférence peut être placée dans le contexte d'une rencontre déterminante dans les relations sino-africaines étant entendu qu'elle s'est refermée par un appel des pays d'Asie à aider l'Afrique. C'est dans cette perspective que nous inscrivons la coopération sino-congolaise.

---

[1] « Conférence de Bandung », disponible sur *www.wikipedia.org/conférence* de Bandung, consulté le 03/01/2019, à 11 heures 01 minutes.

b) Les trois sommets Chine Afrique

En effet, trois sommets ont marqué le raffermissement des relations entre la Chine et l'Afrique.

Le premier sommet s'est tenu du 10 au 12 Octobre 2000 à Pékin, il rassembla 45 pays africains. La Chine y a exposé son principe « gagnant-gagnant », autrement dit, les deux parties y trouvent leurs intérêts. Au cours de ce sommet, la Chine s'est engagée à annuler ou réduire la dette de 32 Etats africains pour un montant global de 10 milliards de dollars. L'Afrique en contrepartie a permis à 600 sociétés asiatiques de s'installer sur son territoire. Notons que ce sommet n'a reçu que 4 chefs d'Etat africains : Gnassimgbe Eyadema, Abdelaziz Bouteflika, Frederick Ciluba et Benjamin Mkapa. Le Secrétaire général de l'OUA, Salim Ahmed Salim aussi était présent.[1]

Le second sommet s'est déroulé à ADDIS ABEBA du 15 au 16 Décembre 2003. Cinq présidents, trois vice-présidents, deux premiers ministres ainsi que le président de la commission de l'U.A. Alpha Oumar Konare y avaient pris part. Là encore l'économie était omniprésente avec la ratification du plan d'action 2004-2006. La coopération était au centre des négociations, dans les domaines de : l'exploitation des ressources naturelles, l'agriculture, le transport, le tourisme, la formation etc., avec les investissements bilatéraux. Mais, la politique était cette fois-là abordée avec la signature par la Chine d'un engagement pour la paix régionale tout en réaffirmant sa

---

[1] « Sommet Beijing et troisième conférence ministérielle sur le forum de coopération sino-africain », disponible sur *www.french.xinhuanet.com*, consulté le 03/01/2O19, à 11 heures 03 minutes.

volonté de ne pas pratiquer l'ingérence dans les affaires intérieures des Etats.[1]

Le troisième forum sino-africain tenu du 3 au 5 novembre 2006 à Beijing, accueillît 48 chefs d'Etat et délégations. Celui-ci pourtant similaire aux précédents fut très médiatisé. La banderole de 18Km, de l'aéroport au Palais du peuple, où l'on pouvait admirer les quarante années de relations sino-africaines ne fut pas étrangère à cet engouement médiatique. C'est tout de même le plus important évènement diplomatique depuis la révolution de 1949.

Ce forum a adopté le « plan d'action 2007-2009 ». Globalement, deux milliards de dollars furent attribués pour mener à bien les accords de financement, signés entre la Chine et les pays africains.

Ce sommet placé sous le thème « amitié, paix, coopération et développement » présage donc une nouvelle organisation des relations sino- africaines, basées essentiellement sur la coopération.

En dehors des éléments développés en sus, notons que cette coopération se caractérise par différents principes.

II.3. Une coopération bilatérale fondée sur des principes

Il est reporté que la Chine se trouve être à l'heure actuelle au cœur des enjeux à l'échelle mondiale. Et les relations entre l'empire du milieu et la RDC font actuellement couler beaucoup d'encres. Si la coopération sino-congolaise préoccupe tant les grandes puissances, c'est qu'elle bouleverse les relations internationales. Il reste

---

[1] « Allocution du Président JIANG ZEMIN, lors de la cérémonie d'ouverture du forum sur la coopération sino-africaine à Beijing, le 10 octobre 2000 », disponible sur*www.french.xinhuanet.com,* consulté le 03/01/2019, à 11 heures 05 minutes.

également évident que les pays d'Europe, les Etats-Unis d'Amérique et les institutions de BRETTON WOOD, regardent avec méfiance, crainte et beaucoup de critiques l'intérêt que porte la Chine à la RDC.

Cependant, on ne devrait pas être surpris outre mesure par la redynamisation de la coopération sino-congolaise compte tenu du fait qu'elle repose sur des fondements historiques et aussi, sur des intérêts et des motivations que poursuit chacune des parties.

Depuis la signature des accords sur le financement du développement des infrastructures de la RDC par l'exploitation des ressources minières, que le gouvernement de la RDC a signé respectivement le 09 août 2007 avec la SINOHYDRO, le 16 Août 2007 avec l'EXIM BANK et le 17 août 2007 avec la CREC ; la Chine n'a cessé d'affirmer son souci d'entretenir une relation de coopération fondée essentiellement sur des principes.

a) Les principes fondamentaux de la coopération Sud-Sud

1. Les principes de non-ingérence dans les affaires intérieures et du respect de la Souveraineté, et de l'intégrité nationale (territoriale)

Ce qui caractérise la coopération sino-congolaise et la distingue de la coopération entre la RDC et ses partenaires traditionnels, c'est que la Chine se garde d'intervenir dans les affaires intérieures de cette dernière. Depuis la signature des accords de financement entre le gouvernement de la RDC et le consortium d'entreprises chinoises, la Chine n'a pas tenté d'imposer à la RDC, une quelconque voie à suivre. Elle a laissé à la RDC la liberté de définir ses priorités en fonction de ses besoins et ses réalités sociales. Notons aussi que la Chine s'est toujours opposée à toute forme d'ingérence dans les affaires intérieures des pays pauvres.

Ceci s'est affirmé par les propos de monsieur Jiang Zemin, ex-Président de la République Populaire de Chine, qui déclarait ce qui suit : « aucun pays n'a le droit d'imposer aux autres son système social et son idéologie et encore moins, de les accuser à tort et à travers pour ce qui est de leurs affaires intérieures.

Pour la Chine, la souveraineté est sacrée et elle n'hésite pas à placer son respect comme un préalable dans ses rapports avec l'étranger, notamment l'Afrique.

2. Le principe d'égalité et des avantages réciproques (gagnant -gagnant)

Le principe d'égalité en droit de tous les Etats est consacré par la Charte de l'Organisation des Nations Unies, au deuxième paragraphe de son article premier. L'égalité en droit de tous les Etats signifie que, tous les Etats, qu'ils soient grands ou petits, riches ou pauvres, puissants ou faibles, ont tous le droit d'intervenir librement sur des questions intéressant le système interétatique et de pouvoir gérer leurs affaires intérieures sans subir l'influence des autres. Cependant, si ce principe est souvent évoqué à toutes les grandes symphonies diplomatiques, la réalité est toute autre pour les pays pauvres qui sont souvent victimes de la volonté impérialiste et interventionniste des grandes puissances.

Nonobstant ce qui précède, le respect du principe d'égalité par la Chine dans ses rapports avec l'Afrique veut garantir aux divers pays de cette région le droit de participer, sur un pied d'égalité, aux affaires internationales.

Les accords de financement entre la Chine et la RDC s'inscrivent, ainsi dans une approche gagnant-gagnant, qui permet à chacun des partenaires d'escompter des avantages mutuels et réciproques.

Notons que le livre blanc sur la politique africaine de la Chine, publié au mois de Janvier 2006, précise que la Chine œuvre à établir et développer un nouveau type de partenariat stratégique marqué par l'égalité et la confiance mutuelle sur le plan politique, la coopération dans un esprit gagnant-gagnant. Cette vision paraît propice au développement rapide de la coopération sino- congolaise.

Dans les lignes qui suivent, nous décrivons de quelle manière cette coopération est agissante et en plein évolution.

II.4. Une coopération agissante, en pleine évolution

L'évolution de la coopération sino-congolaise se manifeste principalement sur le plan politique et diplomatique et sur le plan économique et commercial.

a) Sur le plan politique et diplomatique

La gestion de la dépendance de la Chine envers les matières premières de la RDC pour soutenir sa forte croissance constitue le défi majeur de son offensive politico-diplomatique. Pour ce faire, elle met le paquet pour éviter l'asphyxie dans cette situation de dépendance et de vulnérabilité. Comme la RDC est une terre bien pourvue en matières premières, elle devient le terrain prioritaire des initiatives politico-diplomatiques de la Chine.

Bien plus, en RDC où la « culture de l'aumône » semble prédominante dans les politiques officielles de développement, la Chine est le bon samaritain qui donne sans compter. Elle pratique de ce fait une politique [1] de pénétration qui la conduit à être proche des routes qui mènent aux réserves minières.

---

[1] Ngoie Tshibambe, G., « Les relations sino africaines », in *Congo Afrique*, n° 418, Octobre 2007, p.613.

Un autre indice de la forte centralisation des décisions concernant les efforts diplomatiques qui se déploient entre Pékin et Kinshasa, est le ballet diplomatique des hauts dignitaires des deux pays. On notera par exemple : la visite du Président Joseph Kabila à la cérémonie d'ouverture des jeux olympiques de Pékin en Août 2008 ; la visite du ministre Chinois des affaires étrangères, Yang Jiechi, à Kinshasa, en Janvier 2008 ; la visite du gouverneur de la China Development Bank (CDB), Chen Yuan, à Kinshasa en juillet 2008 ; La visite du ministre congolais de la défense nationale Mwando Nsimba , à Pékin dans le cadre de la coopération militaire, en Octobre 2009 ; la visite du président de l'Assemblée Nationale de la RDC à Pékin Evariste Boshab, dans le cadre de la diplomatie parlementaire, en juillet 2009 etc.

b) Sur le plan économique et commercial

La Chine est la centrale électrique de l'économie du monde. Depuis l'établissement des relations diplomatiques en 1992, la Chine et la RDC ont approfondi leurs relations économico-commerciales. En 1992, le volume commercial était inférieur à 5 milliards de dollars, et ce chiffre atteignit 134,3 milliards de dollars en 2006. Aujourd'hui la Chine est devenue le plus grand partenaire commercial d'importation de la RDC. Si la tendance est maintenue, le volume commercial atteindra 200 milliards de dollars en 2012, date du 20ème anniversaire de l'établissement des relations diplomatiques entre les deux pays. La RDC a investi un total de 34,9 milliards de dollars en Chine fin 2006, contre 0,2 milliard en 1992. La Chine se trouve être le premier pays destinataire de l'investissement de la RDC.[1]

[1] « Sommet Beijing et troisième conférence ministérielle sur le forum de coopération sino-africain », disponible sur www.french.xinhuanet.com, consulté le 05 janvier 2O19, à 22 heures 12 minutes.

Un autre lieu de visibilité de la coopération sino-congolaise est le secteur de la téléphonie cellulaire représenté par la compagnie Congo Chine Télécom, CCT en sigle, qui est en passe de couvrir tout le pays. Aussi, le secteur minier est celui dans lequel les chinois se pressent en investissant de gros moyens pour se faire une place. Au Katanga par exemple, le secteur minier connaît la participation remarquable des chinois avec une série de sociétés chinoises, dont deux importantes entreprises publiques et un nombre incontrôlable de compagnies et entrepreneurs privés. Cette présence chinoise dans le secteur a concouru à l'augmentation des exportations de la RDC vers la Chine. Selon Global Witness[1], qui se fonde sur les statistiques de pays importateurs de minerais congolais, la Chine est de loin le plus grand importateur de cuivre et de cobalt katangais. La valeur des importations chinoises de la RDC était estimée à plus de 160 millions de dollars en 2007.

III. Les motivations et les moyens des acteurs

III.1. Les motivations de la Chine en RDC

a) La RDC, un scandale géologique, stratégique pour la Chine

1. La RDC, un réservoir de matières premières, utiles pour la Chine

La dépendance de la Chine envers les matières, particulièrement de la RDC constitue le défi majeur de sa diplomatie, et est l'une des raisons, si ce n'est la raison principale de sa présence en RDC. Notons que la Chine est marquée par une relative rareté des matières premières sur son sol et se place dans une position de forte dépendance pour ses approvisionnements à l'étranger. Cette situation la

[1] Rapport Global Witness, La Chine et le Congo : des amis dans le besoin, rapport publié le 11 mars 2011.

contraint à aller chercher ailleurs pour éviter l'asphyxie de son appareil économique. C'est ainsi que sa quête de matières premières l'a conduit en RDC.

Comme nous l'avons indiqué dans le précédent chapitre, la Chine est à l'heure actuelle de loin le plus grand importateur du cuivre et du cobalt katangais. Cet appétit pour les matières premières de la RDC se lit également dans les accords de coopération signés entre le gouvernement de la RDC et le consortium d'entreprises chinoises, à travers son protocole portant sur la fixation des modalités de coopération de financement pour le développement des infrastructures en contrepartie de « l'exploitation des ressources naturelles de la RDC ».[1]

Cependant, la RDC n'est pas qu'un réservoir de matières premières, elle est aussi et surtout un débouché pour les entreprises et les produits chinois.

2. La RDC, un débouché, propice pour les entreprises chinoises

Au-delà de la sécurisation des sources d'approvisionnement en matières premières, la RDC intéresse la Chine sur un autre plan : son marché. En effet, la RDC compte beaucoup dans la politique économico-commerciale de la Chine. Des appareils électroménagers aux moyens de locomotion, en passant par les produits vestimentaires et agricoles, marqués « MADE IN CHINA » ; les produits chinois foisonnent dans les établissements commerciaux de la RDC, au grand bonheur des consommateurs locaux. De ce point de vue, il ressort à nos yeux que les produits chinois de consommation simple et bon marché excluent la concurrence occidentale.

---

[1] Voir préambule du contrat RDC-Chine, signé avec la SINOHYDRO, l'EXIMBANK et la CREC

Aujourd'hui la Chine est devenue le plus grand partenaire commercial et d'investissement de la RDC, et la coopération entre les deux pays s'élargit de l'industrie de fabrication à l'énergie si bien que la Chine voit en la RDC un marché lui permettant de tester ses produits industriels et de les présenter à une clientèle moins exigeante. Bien plus, les entreprises chinoises œuvrant dans le domaine du bâtiment et des travaux publics sont devenues les rivales des groupes d'entreprises occidentales au point de leur rafler des marchés importants.

Toutefois, il serait erroné de penser que la RDC n'est que perdante de cette coopération car elle y fonde de grandes attentes.

III.2. Les attentes de la RDC

Dans le cadre de la coopération sino-congolaise, la chine et la RDC ont des intérêts partagés. Si à première vue la Chine semble gagner beaucoup de cette coopération, la RDC n'en attend pas moins. Cette coopération a pour socle la signature du contrat « Chine-RDC », et vise la matérialisation des « cinq chantiers de la République ».

a) De la signature du contrat Chine-RDC

D'entrée de jeu, il sied de faire remarquer que la convention de collaboration entre la RDC et le Groupement d'Entreprises chinoises : China Railway Engineering Corporation LTD (CREC) en sigle, SINOHYDRO corporation et EXIM Bank of china relative au développement d'un projet minier et d'un projet d'infrastructures en RDC, est un troc argent contre minerais.

Cette convention de collaboration a été signée entre le gouvernement de la RDC, représenté par son Ministre des Infrastructures, Travaux Publics et Reconstruction, Monsieur Pierre Lumbi Okongo et respectivement avec la SINOHYDRO, ayant son siège social à n °1 ERTIAO,

BAIGUANG Road, XUANWU District ; Beijing, Chine, représentée par, Monsieur FAN JIXIANG son représentant légal, le 09 Août 2007 ; l'EXIM Bank of China, le 16 Août 2007 et la China Railway Engineering LTD (CREC), ayant son siège social à n°1 Xinghuo Road, Fengtai District, Beijung, Chine, représentée par son président du conseil d'administration, Monsieur Shi Dahua, son représentant légal, le 17 Août 2007.

Conformément à la convention de collaboration susmentionnée, il a été convenu et arrêté les objectifs de trouver les ressources financières nécessaires à la réalisation des projets d'infrastructures nationales estimées importantes et urgentes, pour la RDC et d'investir dans le domaine des métaux non-ferreux dans les territoires de la RDC, pour le Groupement d'Entreprises chinoises. Les deux parties ont convenu de coopérer comme suit pour réaliser, à la satisfaction de chacune d'elles, les objectifs susmentionnés. Le groupement d'Entreprises chinoises s'engage à mobiliser et mettre en place le financement pour la construction des infrastructures en RDC. Ce financement sera remboursé par les revenus de l'exploitation minière des gisements cupro-cobaltifères situés dans la région de Kolwezi au Katanga (RDC), dont l'entreprise publique la Générale des Carrières et des Mines (GECAMINES) en sigle, est titulaire des droits et titres miniers qui s'y rapportent. Les modalités concrètes de remboursement de ce financement sont définies dans le titre IV de ladite convention de collaboration.[1]

En clair, le contrat Chine RDC est un accord de troc, diminuant la circulation d'argent (enveloppe) : deux entreprises chinois China Railway Engineering Corporation LTD(CREC) et SINOHYDRO se sont engagées à

[1] Voir article I du contrat Chine RDC, signé avec la SINOHYDRO, l'EXIM BANK et la CREC.

construire, entre autres 3000 km de routes, autant de voies ferrées, 31 hôpitaux de 150 lits, 145 centres de santé, 4 universités etc. La contrepartie congolaise s'élève à 10 millions de tonnes de cuivre et de cobalt. Notons que le total des prêts consentis par l'EXIM Bank of China s'élève à 9 milliards de dollars, mais ce montant pourrait encore augmenter.

Bien plus, ce contrat « public-privé » est conclu sur une base commerciale, sur le principe « gagnant-gagnant » ; il s'agit de prêts et non de dons et les éventuels litiges seront tranchés par la « Cour d'Arbitrage de Paris ». Et, conformément au principe de non-ingérence chinois, ce contrat n'est assorti d'aucune conditionnalité de gouvernance, de respect des droits de l'homme et confirme le Congo dans sa vocation d'exportateur des matières premières.

Par ailleurs, à première vue et à court terme la RDC assure les moyens de son redressement rapide : les routes permettront la circulation des personnes et des biens, le désenclavement des provinces etc. Cependant, les entreprises chinoises exonérées d'impôts, ne contribueront pas au budget de l'État congolais.

Les parties ont convenu de constituer dans le cadre de l'exploitation minière, une société de joint-venture (SJV) sous forme de société mixte de droit congolais regroupant d'une part les entreprises chinoises du groupement et d'autre part les entreprises congolaises désignées par le gouvernement. La participation des parties au capital social de la société de joint-venture s'établit comme suit : partie chinoise 68% et partie congolaise 32%.

La répartition du résultat d'exploitation se fera en trois étapes : la première étape dite d'amortissement d'investissement minier, durant laquelle la totalité du résultat d'exploitation servira au remboursement et à l'amortissement de l'investissement minier extractif et industriel y compris les intérêts ; la seconde étape dite de remboursement ou de paiement des travaux d'infrastructures, durant laquelle 66% du bénéfice net du résultat d'exploitation de la société de joint-venture seront utilisés pour le paiement et le remboursement des travaux d'infrastructures réalisés, tandis que 34% seront distribués proportionnellement entre parties, le montant total du paiement des travaux est prévu à 3milliards de dollars ; la troisième étape dite d'exploitation commerciale, soit le remboursement et l'amortissement de la totalité des investissements de l'exploitation minière au développement d'infrastructures, pendant cette étape la société de joint-venture se soumettra à la législation congolaise en vigueur en matière fiscale et douanière, en l'occurrence le code des investissements et le code minier.

Sur le long terme, la Chine jouira d'un accès privilégié à toutes les ressources congolaises (y compris le pétrole et l'agriculture) tandis que le principe de « troc » rend difficile « toute évaluation en termes monétaires ».

Il est néanmoins à noter que la reconstruction et le développement économique de la RDC sont avant tout une affaire nationale. Toutefois, pour que cette politique réussisse, il faut qu'elle bénéficie de la coopération internationale et d'une aide économique des pays industrialisés, surtout au cours des premiers stades de sa reconstruction, car pour son développement économique la RDC comme nul autre Etat ne peut compter que sur son génie intrinsèque, étant donné qu'il n'existe pas de nation ayant bâti sa puissance sur ses seuls savoirs endogènes.

D'où la collaboration et le concours de la Chine. Nonobstant cette aide économique, l'efficacité de cette coopération dépendra, avant tout, des efforts déployés par le pays bénéficiaire c'est-à-dire la RDC. La coexistence de ces deux facteurs : efforts nationaux et coopération internationale conduira progressivement à la solution la plus satisfaisante de la reconstruction et du développement économique.[1]

La RDC entend faire de cette coopération un levier pour sa reconstruction, notamment dans la matérialisation des « cinq chantiers de la République ».

b) De la matérialisation des « cinq chantiers de la République »

Au sortir des élections libres et démocratiques tenues en 2006, le Président élu de la RDC a eu l'idée de proposer au peuple congolais une vision dynamique pour le Congo : « les cinq chantiers de la République ». Il s'agit en fait d'un seul programme du gouvernement fondé principalement sur les infrastructures de base et les voies de communication (routes, voies ferrées, aéroports et ports, voies fluviales, eau et électricité, santé et éducation, habitat et emploi). C'est dans ce texte bien précis que les besoins prioritaires sont dégagés par rapport à la reconstruction de ce pays ravagé par les années de guerre.

Ce programme ambitieux nécessitait un nouvel apport important de capitaux frais, de l'argent, que les partenaires traditionnels déjà mobilisés dans les programmes des institutions de BRETTON WOOD pour amener la RDC au point d'achèvement de l'initiative « Pays Pauvres très Endettés » (PPTE) en sigle, ne pouvaient malheureusement pas y injecter.

Pour le Président Joseph Kabila, le financement additionnel à trouver afin de lancer les cinq chantiers pour changer et moderniser la RDC devait être susceptible d'un décaissement rapide et s'obtenir à des conditions qui

---

[1] Angelopoulos, A., *Le Tiers-Monde face aux pays riches*, Paris, PUF, 1972, p. 84.

n'accroissent pas l'endettement et mettent en danger le point d'achèvement. D'où le recours aux institutions financières chinoises disposant de liquidité et dont le pays (Chine) a des besoins importants en ressources minières dont la RDC est généreusement nantie.[1]

Cependant, le financement chinois à la RDC a la particularité suivante : les fonds ne sont pas directement prêtés au gouvernement de la RDC, mais le gouvernement chinois a mandaté des entreprises chinoises de construction, en l'occurrence China Railway Engineering corporation (CREC) et SINOHYDRO, recevant le soutien de l'EXIM Bank of China, la plus importante banque d'investissement de Chine, pour réaliser des projets d'infrastructures avec l'accord du gouvernement de la RDC. En contrepartie de la provision d'infrastructures la RDC accorde aux entreprises chinoises d'extraire les ressources naturelles (minerais) à travers l'acquisition des parts dans les entreprises nationales ou des licences.

Ce programme de reconstruction concerne : les infrastructures qui constituent un besoin fondamental de la vie tant sociale qu'économique et qui affectent de ce fait l'environnement social et économique d'une contrée humaine ; la santé et éducation qui assurent une vie saine pour être socialement et économiquement productif ; l'eau et l'électricité qui constituent des nécessités aussi bien pour la vie humaine que pour la vie économique ; le logement qui constitue un élément de dignité humaine, et contribue de ce fait à l'amélioration des conditions de vie de la population, une personne sans logement est en proie à l'instabilité de tout genre, disposer d'un logement propre est une assurance pour sa vie et pour sa progéniture ; et la création des emplois étant entendu que c'est le travail qui

[1] « Les cinq chantiers de la RDC » in *Jeune Afrique magazine* n° 2545 - 2546, du 18 au 31 octobre 2009, pp. 111-112.

assure l'indépendance de la nation. Faire de la RDC une terre d'investissement ou il fait beau vivre ne relève nullement de l'utopie lorsqu'on considère les atouts dont elle dispose. Toutefois, cela requiert de la part des dirigeants et des dirigés une vision aussi ambitieuse que réaliste, soutenue par une détermination irréversible et animée par l'amour de la partie.

Cependant, que ceci soit d'ores et déjà bien compris, les cinq chantiers ne vont pas se réaliser complètement dans les cinq années ayant constitué la présente mandature. Les jalons sont certes posés, et les actions sont amorcées, mais comme il ne s'agit que d'un « processus », celui-ci se situera dans la durée.[1]

Ainsi, au-delà d'un simple programme gouvernemental, « les cinq chantiers » incarnent en effet, le vécu quotidien, par le peuple et pour le peuple, des générations en générations.

III.3. Les moyens de l'implication chinoise en RDC

La coopération ne consiste pas à agir pour l'autre, mais bien avec lui, en vue de la satisfaction d'intérêts communs ou complémentaires.[2]

Dans le cadre de la coopération sino-congolaise, la Chine utilise d'importants moyens économiques et financiers d'une part et politiques et diplomatiques d'autre part pour matérialiser ses visées.

---

[1] « Les cinq chantiers de la RDC », disponible sur *www.cinqchantiers rdc.com*, consulté le 15 janvier 2019, à 19 heures 30 minutes.

[2] Labana, L., *La coopération internationale* Kinshasa, Médiaspaul, 2006, p.13.

a) Les moyens économiques et financiers

La Chine déploie une diplomatie d'aide financière au développement et de construction d'infrastructures de base, pour gagner la confiance de la RDC.

1) La diplomatie d'aide financière au développement

De toute évidence, une diplomatie qui se veut efficace doit avoir les moyens de sa politique, et la Chine en a. Nantie de 1900 milliards de dollars de réserves de change à la fin 2008, la Chine concurrence désormais le Fonds Monétaire International (FMI) et la Banque Mondiale (BM).[1]

Ainsi, la Chine s'est présentée en RDC brandissant sa banque d'investissement l'EXIM Bank of China pour financer les infrastructures. L'utilisation de la manne financière est devenue un moyen capital dans la stratégie diplomatique de la Chine en RDC. A en juger les actes, la diplomatie du « paquet ficelé ou package deals » donne des résultats tangibles. Elle permet à la Chine de remporter d'importants contrats commerciaux. Au-delà de l'aide financière au développement qui permet à la Chine de gagner la confiance des dirigeants congolais, la Chine accorde des bourses d'études et de stage aux étudiants congolais, forme les fonctionnaires congolais dans divers secteurs et envoie des experts en RDC. Outre les prêts, dons et autres appuis financiers, la Chine s'affirmer à travers la construction d'infrastructures.

2) La construction d'infrastructures de base

La force de la Chine tient dans la mise en œuvre et la réalisation concrètes des projets selon une formule imbattable. A ce jour, la Chine est le seul État capable de

---

[1] Beuret, M., et Michel, S., « La Chine a-t-elle un plan en Afrique ?» in *Afrique contemporaine* n° 228, p.50.

projeter en quelques semaines plusieurs milliers, voire dizaines de milliers d'ouvriers en n'importe quel point du continent, afin d'y achever un chantier géant en un temps et à des prix records.30(*)

La construction d'infrastructures est l'un des moyens utilisés par la Chine dans sa politique de rapprochement de la RDC. Par le passé, la RDC a eu à bénéficier d'importants édifices, tels que : le stade des martyrs et le palais du peuple abritant le parlement, à Kinshasa ; lesquels édifices ont symbolisé en leur temps l'amitié entre la Chine et la RDC, jadis Zaïre. La particularité de ces réalisations de la Chine réside dans leur durée de vie. Elles rappellent aux générations futures l'amitié entre la Chine et la RDC. La Chine continue à construire au profit de la RDC, l'hôpital de l'amitié sino-congolaise à N'djili, à Kinshasa en est une illustration.

L'expertise Chinoise en matière du bâtiment et des travaux publics n'appelle pas débats, c'est en cela que la construction d'infrastructures constitue un véritable moyen utilisé par la Chine dans sa stratégie de pénétration en RDC. Elle use également des moyens politiques et diplomatiques.

b) Les moyens politiques et diplomatiques

De toute évidence, les occidentaux regardent avec méfiance, crainte et critiques l'intérêt que porte la Chine à la RDC. Nonobstant cela, le statut de membre permanent du conseil de sécurité de l'ONU est sans doute une arme dont la Chine se sert pour protéger ses relations avec la RDC.

✓ *Un soutien au régime décrié par les puissances occidentales*

Si la coopération sino-congolaise préoccupe tant les puissances occidentales, c'est parce que du fait de son principe sacro-saint de non-ingérence dans les affaires intérieures, la Chine n'impose pas des exigences relatives à la démocratie et /ou la bonne gouvernance. Partant, la RDC, pays décrié par la communauté internationale, parce que na répondant pas aux normes de la démocratie et/ou de la bonne gouvernance, se tourne vers la Chine pour s'assurer le soutien et la protection d'un géant.

Enfin, si la Chine a réussi à résister aux tentatives des puissances occidentales de lui imposer un système de gouvernement, c'est surtout grâce à son statut de membre permanent du conseil de sécurité de l'ONU, statut qui rassure son partenaire, la RDC.

✓ *La disposition du droit de veto au Conseil de Sécurité de l'ONU*

Le principe de l'égalité de droit des Etats est largement admis et proclamé en droit international public. Cependant, de facto il est observé des disparités entre eux. C'est ainsi que tous les Etats n'ont pas la même capacité d'influer dans les enjeux internationaux. Même parmi les pays développés, ceux qui sont membres permanents du conseil de sécurité de l'ONU ont plus d'influence.

La Chine fait partie des cinq Etats disposant du droit de veto, ce statut de la Chine confère sans nul doute à la RDC une certaine assurance quant aux sévices diplomatiques des puissances occidentales, suite à certains de ses choix.

Les faits nous ont démontré que les prises de positions des puissances occidentales ont plus pour but la protection de leurs intérêts, plutôt que de répondre aux exigences d'une morale internationale. La Chine par son statut de membre permanent du Conseil de Sécurité serait à mesure d'assurer une protection diplomatique à son partenaire, la RDC, ce qui ne fait que renforcer son attrait vis-à-vis de cette dernière.

La coopération sino-congolaise est à l'heure actuelle dans un processus évolutif. Ceci dit, il sied d'en faire un bilan en vue de déceler ce qu'elle réserve à la RDC en termes de développement.

III.4. Le consortium d'entreprise chinoise

Pour la constitution d'une JV Minière et la réalisation du Projet Minier, le Groupement d'Entreprises Chinoises désigne cinq (5) sociétés, à savoir China Railway Group (Hong Kong) Limited, China Railway Sino Congo Mining Limited, China Railway Resources Development Linited, Sinohydro Corporation Limited et Sinohydro Harbour Co. Ltd., ces cinq (5) sociétés formant le CONSORTIUM.[1]

China Railway Group Limited (connu sous le nom de CREC) est un conglomérat de construction de classe mondiale qui a plus de 120 ans d'histoire. En tant que l'un des plus importants entrepreneurs en construction et en ingénierie au monde, CREC occupe une position de chef de file dans les domaines de la construction d'infrastructures, de la fabrication d'équipement industriel, de la recherche et de la consultation scientifiques, de la promotion immobilière, de la mise en valeur des ressources, de la fiducie financière, du commerce et autres. Fin 2018, CREC détenait un actif total de 942,51 milliards de RMB et un actif net de 221,98 milliards de RMB. La valeur du contrat signé en 2018 s'élevait à 1 556,9 milliards de RMB et le résultat d'exploitation de la Société était de 740,38 milliards de RMB. En 2018, la société s'est classée 56e parmi les "Fortune Global 500", la 13e année consécutive étant cotée, tandis que chez elle, elle s'est classée 13e parmi les 500 premières entreprises chinoises. Au fil des décennies, la société a construit plus des deux tiers du réseau ferroviaire national chinois, 90 % des chemins de fer électrifiés de Chine, 1/8 des autoroutes nationales et 3/5 du réseau de transport ferroviaire urbain.

---

[1] Convention de collaboration entre la Chine et la RDC sur le contrat sino-congolais.

✓ *Histoire*

L'histoire de la CREC remonte à 1894, lorsque la China Shanhaiguan Manufactory (aujourd'hui une filiale de la CREC) a été créée pour fabriquer des voies ferrées et des ponts métalliques pour le chemin de fer Pékin-Zhangjiakou, le premier projet ferroviaire conçu et construit par des Chinois. Les décennies suivantes ont vu la croissance de la société et les premiers projets ferroviaires en Chine.

En 1950, le Bureau général de la construction et le Bureau général de la conception ont été créés sous l'égide du ministère des Chemins de fer (MOR), puis fusionnés pour former le Bureau général de la construction d'immobilisations. En 1989, le General Bureau of Capital Construction a été séparé du MOR et constitué en société sous le nom de China Railway Engineering Corporation (CREC). Le 12 septembre 2007, le CREC a lancé la création de China Railway Group Limited, qui a été cotée avec succès sur les bourses de Shanghai et de Hong Kong le 3 décembre et le 7 décembre respectivement.[1]

✓ *Qualifications requises*

Le CREC est titulaire d'une qualification de catégorie spéciale pour l'entreprise générale de projets ferroviaires, d'une qualification de catégorie A pour l'entreprise générale de projets routiers et municipaux et d'une qualification de catégorie A pour l'entreprise spécialisée de ponts, tunnels, chaussées, revêtements routiers et projets de transport urbain sur rail. Le CREC détient également des certificats pour la réalisation d'activités de coopération économique extérieure et d'importation et d'exportation.

---

[1] Informations disponible sur le *http://www.crecg.com/english/2687/39952/index.html,* consulté le 31 juillet 2019, à 9 heures 56 minutes.

✓ ***Portée de l'activité***

CREC offre un service à chaîne complète avec un champ d'activité couvrant la quasi-totalité des domaines d'infrastructures, tels que les chemins de fer, les autoroutes, les équipements municipaux, le logement et les bâtiments, les transits ferroviaires urbains, les économies d'eau, les stations hydroélectriques, les aéroports, les ports, les docks, etc. De plus, CREC met en œuvre une stratégie de développement diversifiée et obtient de nombreuses réalisations dans les domaines de l'arpentage et de la conception, de la consultation, de la fabrication d'équipement et de composantes, du développement immobilier, du développement des ressources minérales, de l'exploitation et du financement routier, etc.

CREC, avec ses avantages techniques et managériaux exceptionnels, a accumulé une riche expérience dans la conception et la construction de ponts de grande envergure, de ponts en eau profonde, de tunnels de grand et de grand diamètre, d'électrification ferroviaire, de voies d'essais de voitures ainsi que dans la recherche et la fabrication de structures métalliques pour ponts, de machines de blindage et d'aiguillages pour trains rapides. Actuellement, la société a atteint un niveau mondial avancé dans la construction de ponts et occupe une position de leader dans la construction de tunnels et de métros en Chine, et représente le standard technique le plus élevé dans l'électrification ferroviaire en Chine.

CREC occupe une position de leader dans la conception et la fabrication d'équipements de machinerie. La société possède le plus grand nombre de machines de pose de voies ferrées, de machines d'érection de ponts, de machines de blindage et de tunneliers en Chine, les plus grandes grues de navire avec la plus grande capacité de levage en Asie, un ensemble complet d'équipements de travail en eau profonde, et le plus grand nombre d'équipements d'installation caténaire pour chemins de fer électrifiés en Chine. La Société est non seulement en mesure de développer et de fabriquer de manière indépendante des machines dédiées à l'industrie lourde de niveau mondial avancé, mais également l'un des trois fabricants de tunneliers détenteurs de droits de propriété intellectuelle dans le monde.

✓ ***R&D et Ressources Humaines***

Le CREC est l'un des premiers groupes d'entreprises innovantes en Chine à bénéficier d'une subvention du Ministère de la Science et de la Technologie, de la SASAC et de l'ACFTU. La Société s'est vu décerner un total de 110 prix nationaux en sciences et technologie de pointe, dont 5 grands prix et 15 premiers prix. La Société détient 166 méthodes de construction normalisées de qualité nationale et 1661 brevets d'invention. La société dispose de trois laboratoires, à savoir le Laboratoire national d'ingénierie pour la construction ferroviaire à grande vitesse, le Laboratoire national de technologie des boucliers et des forages et le Laboratoire national de stabilité et de sécurité structurale des ponts. Actuellement, la Société compte plus de 70 000 professionnels et plus de 50 000 techniciens qualifiés de haut niveau sur un effectif total de 290 000 employés.

✓ ***Affaires internationales***

Le CREC jouit depuis longtemps d'une bonne réputation sur le marché mondial. Depuis la construction du chemin de fer de Tazara dans les années 1970 (1 861 km), la société a successivement construit un grand nombre d'excellents projets en Asie, en Afrique, en Europe, en Amérique du Sud et dans l'Atlantique. La Société exerce actuellement ses activités dans plus de 90 pays et régions du monde. La Société est prête à travailler avec des amis du monde entier pour contribuer davantage au développement économique, social et des infrastructures à l'échelle mondiale.[1]

Conclusion partielle du premier chapitre

Ce chapitre qui s'est axée sur la genèse de la coopération sino-congolaise nous a permis de comprendre l'essence de la percée chinoise en Afrique, avant de dégager le socle de la coopération sino-congolaise. Ce soubassement s'explique comme nous l'avons indiqué dans leurs rapports historiques, partageant un moment commun de l'histoire, dominée et/ou colonisée, mais aussi membre des pays du tiers monde. Au regard de l'ampleur de cette coopération, nous avons pu dégager les motivations de la Chine qui sont certainement basées sur la recherche des matières premières et les attentes de la RDC qui sont fondées sur un besoin réel du développement.

---

[1] Informations disponible sur le *http://www.crecg.com/english/2687/39952/index.html,* consulté le 31 juillet 2019, à 9 heures 56 minutes.

CHAPITRE 2

L'IMPACT DU CONTRAT MINIER SINO-CONGOLAIS SUR LE DÉVELOPPEMENT DE LA REPUBLIQUE DEMOCRATIQUE DU CONGO

Ce chapitre apporte la lumière sur le contrat qui lie la Chine et la RDC dans le projet d'infrastructure mis en œuvre par l'Agence Congolaise des Grands Travaux, l'analyse et dégage l'impact de ce dernier sur le développement socio-économique de la RDC.

I. Contrat sino-congolais

I.1. La portée du contrat

a) La nature Juridique

Il s'avère que le Protocole d'accord et la Convention de collaboration passés avec le groupe d'entreprises chinoises sont à regarder comme des conventions internationales qui dès lors devraient être soumis à la ratification par le Parlement suivant le prescrit de l'article 214 de la Constitution du 18 février 2006. Cependant, une telle approche ne s'accorde pas avec la règle de droit international qui veut que seuls les traités ou accord internationaux passés entre sujets de droit international, savoir entre Etats ou entre Etats et Organisations Internationales, soient soumis à la ratification.

S'agissant d'un accord conclu entre l'Etat congolais et des entrepreneurs chinois privés, la notion de ratification ne saurait élire domicile dans le cas d'espèce. Les contrats "chinois" ne sont même pas à ranger dans la catégorie des accords internationaux non soumis à la ratification telle que prévue à l'article 213 de la Constitution. Car même dans ce cas, il s'agit des accords soumis au droit international public et non à une législation nationale comme c'est le cas avec les contrats "chinois". Vu de près, ces actes juridiques ressemblent plus à un contrat d'Etat qui combine à la fois l'investissement étranger et le prêt.[1]

b) Le contrat d'investissement étranger

Même si l'article 1 du Protocole ne définit pas explicitement l'objet de l'accord comme tel, son article 5 identifie l'activité qui sera poursuivie par la SICOMINES Joint-venture comme un "investissement minier". Il en est de même de l'article 1 alinéa 1.2 de la Convention de collaboration. D'ordinaire, ce type de contrat est classé dans la catégorie des contrats régis par le droit du commerce international.

A ce jour, il n'existe pas de définition de l'investissement qui soit universellement acceptée. Selon Booysen, cette notion peut s'entendre du placement d'un capital pendant une période considérable, non dans le but d'un échange direct avec d'autres biens, mais en vue de l'extraction ou la production des biens ou services.[2] Il doit s'agir d'une activité commerciale à long terme et non pas d'une opération ponctuelle. Généralement, on distingue entre investissement étranger direct et investissement étranger indirect. Le code congolais des investissements[3] définit l'investissement étranger direct comme « tout investissement dont la participation étrangère dans le capital social d'une entreprise dans laquelle l'investissement réalisé

---

[1] L'Article 1 de la Convention de Collaboration stipule: "Les Parties reconnaissent et déclarent qu'en signant la présente Convention de Collaboration, elles poursuivent la réalisation des objectifs suivants: 1.1.1. Pour la RDC: trouver les ressources financières nécessaires à la réalisation des projets d'infrastructures nationales estimées importantes et urgentes. 1.1.2. Pour le Groupement d'Entreprises Chinoises: investir dans le domaine des métaux non-ferreux dans les territoires de la RDC".

[2] Booysen, H., *Principes du droit du commerce international comme un système moniste,* 2003, p 826.

[3] Loi n 004/2002 du 21 Février 2002 portant code des investissements.

est au moins égale à 10 % » et l'investisseur étranger direct comme « toute personne physique n'ayant pas la nationalité congolaise ou ayant la nationalité congolaise et résidant à l'étranger et toute personne morale publique ou privée ayant son siège social en dehors du territoire congolais, et effectuant un investissement direct en République Démocratique du Congo ». Ces deux définitions ne font cependant pas ressortir le critère fondamental qui permet de distinguer l'investissement étranger direct de l'investissement étranger indirect. Il s'agit de l'influence significative que l'investisseur étranger est appelé à exercer sur l'entreprise.[1]

En réalité, l'investissement étranger devrait être considéré comme direct lorsque le capital investi dans une entreprise par une personne physique ou morale de nationalité étrangère pendant une période considérable confère à cette dernière le contrôle sur ladite entreprise.

A contrario, l'investissement étranger est indirect lorsque le capital est investi dans une entreprise par une personne physique ou morale étrangère, mais sans que cela ne lui confère le contrôle sur ladite entreprise. Le code congolais des investissements semble avoir suivi l'approche du Fond Monétaire International qui considère l'acquisition par un étranger d'au moins 10 % du capital d'une société comme étant un investissement étranger direct. Cependant, ce critère qui est largement répandu internationalement semble être arbitraire pour la simple raison que l'on peut détenir 10% du capital sans pour autant exercer une influence significative sur la société. De manière générale, le contrôle est exercé par l'associé qui détient la part sociale la plus importante (cas des actionnaires majoritaires dans la SARL). Ce contrôle se traduit souvent par le nombre de

---

[1] Prichard Robert, *Développement économique, investissement étranger et droit*, 1996, p3.

voix et le droit d'ingérence dans les processus de décision et de gestion dont jouit l'investisseur étranger.

Dans le cas des contrats ''chinois'', le code congolais des investissements ayant consacré le critère de 10%, la qualification ne saurait être faite autrement. Le Protocole d'accord tout comme la Convention de collaboration révèle que parmi les contractants d'une part on a l'Etat congolais et de l'autre, des entreprises chinoises qui s'engagent à placer un capital dans une société à créer sous forme de joint-venture. Il s'agira d'une société par actions dans laquelle la partie congolaise participera à 32% du capital et l'investisseur chinois à 68%. La participation étrangère étant supérieure à 10%, il s'agit d'un investissement étranger direct.

c) Le contrat de Prêt

L'existence d'un contrat de prêt dans les contrats ''chinois'' trouve sa consécration en ce que les fonds qui auront servi au financement aussi bien du projet minier qu'à celui d'infrastructures seront remboursés au groupe d'entreprises chinoises à la suite des bénéfices générés par l'activité de la SICOMINES Joint-Venture.[1] Cependant la difficulté demeure ici du fait que le prêt consenti à une société peut prendre plusieurs formes, selon qu'on le fait comme actionnaire ou créancier de la société. Les modalités de participation du groupe d'entreprises chinoises et celle des banques qui les accompagnent doivent être clairement définies et distinguées. Cela permettra de déterminer la nature du prêt consenti à la SICOMINES Joint-Venture afin de savoir dans quel cas on serait en présence d'une action ou d'une simple créance.

---

[1] Voir les articles 5 du Protocole et 12 de la Convention.

d) La nécessité d'une participation congolaise à 40%

La participation de la Gécamines au capital avec 32% et celle du Groupe d'entreprises chinoises avec 68% ne s'accordent pas avec l'article 2 de la loi n°77-027 du 17 Novembre 1997 portant mesures générales de rétrocession des biens zaïrianisés ou radicalisés qui exige que pour toute entreprise exerçant ses activités en République Démocratique du Congo, la part détenue par les personnes physiques ou morales étrangères ne peut excéder 60% du capital, le reste des parts devant revenir aux congolais à 40% ou plus. Ce qui entraine que, du point de vue de l'orthodoxie juridique, le contrat de société SICOMINES Joint-Venture serait illégal et donc ne saurait ressortir ses effets juridiques. Néanmoins, le non-respect de cette règle dans plusieurs contrats de société depuis maintenant plusieurs années devrait plutôt conduire à la conclusion que cette disposition légale est devenue désuète. Mieux encore, l'invalidité du contrat SICOMINES Joint-Venture partant de ce grief ne saurait être invoquée en cas de différend entre les parties à cause de l'internationalisation du contrat. En soumettant leur différend à la compétence du CIRDI, les parties ont entendu soustraire les contrats ''chinois'' de la juridiction du juge national.[1] Or dans la pratique, le CIRDI étant une juridiction de l'ordre public international, elle s'en tiendra à la règle de droit international selon laquelle un Etat ne peut invoquer une disposition de son droit interne pour justifier le non-respect de ses engagements internationaux. Si tel est le cas, la règle Pacta sunt servanda qui est aussi d'application en matière de contrats internationaux, se trouvera être violée et l'Etat hôte sera contraint de payer des dommages et intérêts à l'investisseur étranger.

---

[1] Article 20 alinéa 2 de la Convention de collaboration.

La même remarque vaut pour le point de vue selon lequel la Convention serait nul du fait de l'absence du contreseing de tous les ministres concernés ainsi qu'alternativement de la délégation de pouvoir de ceux-ci à un de leurs collègues, tels que prescrit par l'ordonnance-loi n° 07/018 du 16 mai 2007 fixant les attributions des Ministres et l'ordonnance n°07/017 du 03 mai 2007 portant organisation et fonctionnement du Gouvernement, modalités et pratiques de collaboration entre le Président de la République et le Gouvernement ainsi qu'entre les membres du Gouvernement, telle que modifiée et complétée par l'ordonnance n°08/006 du 25 janvier 2008.

e) La nature de l'apport du groupe d'entreprises chinoises

Suivant les explications fournies par le Ministre des infrastructures, des travaux publics et reconstruction devant l'Assemblée Nationale, les entreprises chinoises "prêtent sans intérêts à la Joint-Venture (30 % des investissements miniers)[1], puis empruntent, pour le compte du projet, et apportent la garantie auprès de banques et institutions chinoises". Cependant, il reste que le statut de l'EXIMBANK est à clarifier. Celle-ci se trouve mentionnée comme partie au Contrat dans le Protocole d'accord, alors qu'elle n'est pas reprise parmi les parties à la Convention de collaboration. Au cas où l'EXIMBANK ne ferait pas partie du groupe d'entreprises chinoises ayant contractés, cela aura pour implication que la partie chinoise fera d'une part, un apport sur fonds propres (en espèces et/ou nature de 30%)[2] et de l'autre, elle fera un apport en crédit car elle mettra en jeu sa garantie personnelle pour obtenir de la banque chinoise le prêt nécessaire. Toutefois, la difficulté est que ce dernier type d'apport (garantie personnelle) n'est

[1] Voir article 17, alinéa 2 de la Convention de collaboration.

[2] Voir article 12, alinéa 3 de la Convention de collaboration.

pas admis dans les sociétés à responsabilité limitée et sa valeur est exclue du capital. Pour contourner une telle difficulté, il faudra considérer que le prêt octroyé par la banque chinoise viendra se greffer sur les fonds propres du groupe d'entreprises chinoises et constituer son apport en espèces et/ou nature au capital de la SICOMINES Joint-Venture.

Une autre observation mérite d'être faite quant à la participation chinoise au capital. C'est que la notion de consortium auquel les parties ont fait recours pour identifier le groupement d'entreprises chinoises, n'a pas été clairement définie.[1] En effet, le consortium peut être défini comme un ensemble d'entreprises (d'ordinaire sous forme sociétaire) qui se mettent ensemble pour entreprendre des transactions commerciales telles que l'acquisition d'une société, réalisation d'un investissement, réponse à un appel d'offre, etc. En pratique, le consortium est une association qui peut ou ne pas avoir la personnalité juridique. Dans ce dernier cas, chaque entreprise est considérée individuellement du point de vue de sa participation et de sa part sociale. Cette question est donc fondamentale pour arriver à déterminer la partie prépondérante dans le contrôle de la société. Si le consortium est doté de la personnalité juridique, la partie chinoise sera d'office l'actionnaire majoritaire. Au cas contraire, l'actionnaire majoritaire sera la partie congolaise ou l'entreprise chinoise prise individuellement qui aura la part sociale la plus considérable suivant sa participation au capital. Il faudra alors attendre la rédaction des statuts sociaux pour en être fixé.

---

[1] Voir Article 1, alinéa 5 de la Convention de collaboration.

f) Répartition des bénéfices

Les différentes conventions signées avec le groupe d'entreprises chinoises révèlent que les bénéfices réalisés par la Joint-Venture seront répartis différemment sur trois périodes: Les bénéfices réalisés lors de la première période seront totalement affectés au remboursement complet des investissements miniers, y compris au paiement de leurs intérêts, du Groupement d'Entreprises Chinoises dans le développement du Projet Minier.

✓ 66% des bénéfices réalisés lors de la deuxième période seront affectés au remboursement des investissements de la première tranche des infrastructures et au paiement de leurs intérêts annuels de LIBOR (six mois) + 100 BP, et les 34 % restant à la rétribution de ses actionnaires, proportionnellement à leurs parts dans le capital social.

✓ Les bénéfices réalisés lors de la troisième période seront totalement distribués aux actionnaires au prorata de leurs parts dans le capital social.

Comme mentionné ci-dessus, ces conventions combinent deux types de contrats : Le contrat de prêt et le contrat d'investissement étranger direct. C'est cela qui explique qu'une partie des bénéfices soit destinée au remboursement de l'investissement. D'un point de vue juridique, cela n'a rien d'anormal qu'une société affecte ses bénéfices au remboursement des dettes contractées. Cependant, la difficulté provient du remboursement anticipé de l'investissement minier du groupe d'entreprises chinoises et de l'affectation de la "totalité" des bénéfices de la première période à ce remboursement.[1]

[1] Article 12 de la Convention de collaboration.

Le graphique ci-dessous décrit de manière schématique le montage et le fonctionnement de l'accord de collaboration entre la RDC et le groupement d'entreprises chinoises ainsi que du projet Sicomines[1].

[1] Adapté par l'équipe de recherche à partir de The Carter Center, Inclusion de la Sicomines dans l'ITIE, Novembre 2013

Fonctionnement de l'accord de collaboration entre la RDC et le groupement

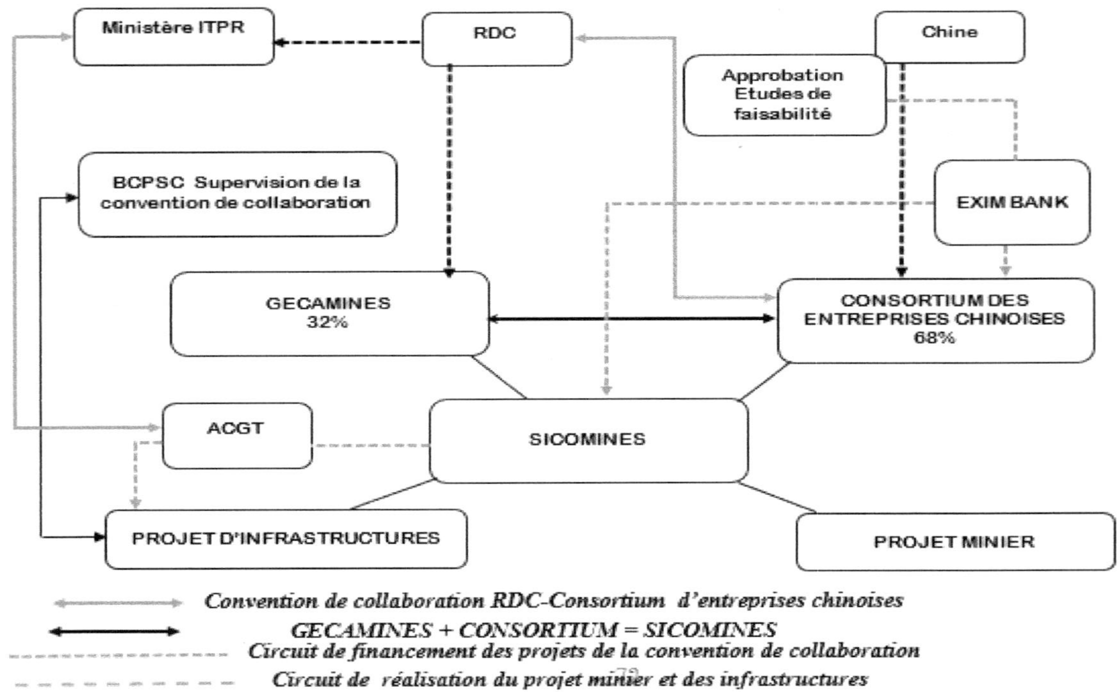

En effet, ayant subi plusieurs critiques surtout du camp des occidentaux notamment avec les institutions financières internationales, le contrat sino-congolais a dû être revisité.

I.2. La Révision du contrat sino-congolais

Les protocoles de collaboration entre la Chine et la RDC constituent des offres massives de reconstruction très gênantes pour les bailleurs traditionnels. Avant et même après la crise mondiale, forte de ses liquidités, seule la Chine est en mesure de proposer de telles sommes, ce qui crée un écart financier notable avec tous les autres donateurs réunis (lors de la réunion du groupe consultatif à Paris à la fin de l'année 2007, les promesses de contribution ont atteint environ 4 milliards $, tandis que le premier protocole d'accord chinois s'élevait à 9 milliards $ et le second probablement à 10 milliards $). Même si l'aide chinoise n'atteindra certainement pas les 20 milliards de $ initialement envisagés, elle est incomparable et ridiculise purement et simplement les autres donateurs. Cela était particulièrement mal venu juste après la période de transition et des élections financées complètement par la Communauté internationale au coût exorbitant de plusieurs centaines de millions d'euros. Ayant le sentiment d'avoir contribué militairement, financièrement et politiquement au succès de la transition politique, les puissances occidentales ont eu le sentiment d'avoir été trahies et dupées, comme l'exprime brutalement un cadre de l'industrie minière. Trahies parce que la transition politique qui a abouti à l'élection de Joseph Kabila a requis deux interventions militaires européennes (Artémis en 2003 et Eufor RDC en 2006), un chèque de 370 millions d'euros pour l'organisation du scrutin et un engagement diplomatique de tous les instants. Dupées parce qu'au moment de la signature du contrat chinois, le gouvernement congolais dénonçait les contrats léonins dans le secteur minier et déclenchait la révision d'une soixantaine de contrats miniers signés avec des compagnies occidentales pour la plupart.[1]

En termes juridiques cette révision se traduit par le changement de quelques articles de la « Convention ». Voici les changements principaux à cette « Convention » du 22 avril 2008 dans l'Avenant n° 3 :

✓ L'article 5 modifie l'article 10.3 de la « Convention » comme suit : « la garantie du remboursement est assurée par la RDC qui s'engage, dans le cadre de l'article 13.3.4 de la présente Convention de Collaboration, à octroyer au Groupement d'Entreprises Chinoises d'autres concessions minières ou d'autres ressources et moyens satisfaisants au cas où les bénéfices générés par la JV minière s'avéreraient insuffisants pour réaliser le remboursement de ces investissements dans [le Projet Minier et dans] le Projet d'Infrastructures ». Seulement 'le projet minier' a été rayé, cela veut dire que la RDC ne doit pas garantir le remboursement des investissements dans le projet minier par l'octroi d'autres concessions minières.

✓ Également dans l'article 8, on peut voir que la garantie d'État a été abandonnée pour le remboursement des investissements miniers. Le remboursement dépendra donc du succès de l'entreprise. Dans ce changement, on voit l'influence du FMI. La logique en est que le remboursement dépendra de la capacité à produire. L'entreprise prend donc le risque d'entrepreneur et non l'État car l'investissement minier n'alourdira pas la dette de l'État en cas de non-fonctionnement de l'entreprise. Il s'agit donc d'une logique de marché correcte introduite par le FMI : les infrastructures publiques peuvent être garanties par l'État, mais pas l'investissement d'une entreprise

[1] Vircoulon, T., « Autopsie d'une controverse internationale le partenariat sino-congolais sous le feu des critiques », in *Temps modernes*, N°179, Novembre 2016, pp.75-84.

travaillant pour le marché mondial ; celle-là doit se repayer elle-même et le plus vite possible. D'autre côté, bien que la garantie de l'État pour le Projet Minier soit rayée, l'article 7 de l'Avenant stipule que ce projet et l'étude de faisabilité doivent être approuvés par le conseil des Affaires de l'État de la Chine. Dans la « Convention » il était dit que l'État congolais doit aussi donner son accord. Ceci n'est plus le cas. La garantie ne joue donc plus une fois que le contrat est en cours d'exécution, mais elle est toujours là, dans le sens que la RDC est toujours appelée à octroyer d'autres droits et titres miniers si la Chine n'est pas d'accord avec l'étude de faisabilité.

✓ L'article 6 de l'Avenant change fondamentalement l'article 12 de la Convention intitulé « Remboursement des investissements du groupement d'entreprises chinoises ». Cet article redéfinit les étapes du Projet Minier et du Projet d'Infrastructures et les conditions de confessionnalité des emprunts.

✓ Essentiellement la première période sera celle du remboursement des travaux d'infrastructure « les plus urgents ». Il faut remarquer que ceux-ci ne sont pas énumérés dans le texte. La seule indication qu'on donne est la suivante : « Les investissements de la première tranche d'infrastructures (y compris les travaux les plus urgents) ne sauraient dépasser 3 milliards de dollars américains en principal ». Pendant cette première période, la joint-venture affectera la totalité de ses bénéfices au remboursement des infrastructures en question, ainsi que leurs intérêts. [1]

✓ La deuxième période est celle où les investissements miniers et la première tranche d'infrastructures (réduction faite des infrastructures les plus urgentes) seront remboursés. Les investissements miniers seront faits à 30 %

---

[1] Vircoulon, T., Art.Cit., pp.75-84.

sous forme de prêt d'actionnaires, sans intérêt, tandis que 70 % seront remboursés avec un taux d'intérêt de 6,1 % (pas de changements par rapport à la « Convention »). La joint-venture devra en outre utiliser 85 % de son taux de rendement interne (bénéfices) et non la totalité, comme stipulé dans la « Convention » pour rembourser ces investissements. Après cela, le remboursement des infrastructures commencera. Le taux d'intérêt qui sera appliqué est de LIBOR (six mois) + 100BP (LIBOR du 22 avril 2008). De nouveau la joint-venture doit affecter 85 % de ses bénéfices. Pour cette phase, la « Convention » prévoyait une affectation de 66 % de son bénéfice au remboursement.

✓ Enfin l'article 6 de l'Avenant ne se contente pas seulement de scinder les responsabilités pour le remboursement des investissements, elle augmente considérablement le degré de concessionnalité des conditions du remboursement. Cet article stipule que « Les investissements de la première tranche des infrastructures seront remboursés avec un taux d'intérêt annuel de LIBOR (six mois) + 100BP (LIBOR du 22 avril 2008) ». Dans la « Convention » il était prévu des taux d'intérêt annuels de « LIBOR (six mois) + 100BP ». Cela fait en effet une grande différence car le LIBOR du 22 avril 2008, donc avant la crise bancaire, était historiquement bas, à savoir de 3,4 % annuel, et par conséquent il fallait seulement que la RDC repaye ses dettes contre un taux d'intérêt de 3,4 + 1 = 4,4 %. Ceci constitue un taux d'intérêt très bas et fait des différences de remboursement de plusieurs millions de dollars par an. Si on avait pris le taux du marché au moment du remboursement, c'est-à-dire les taux crise ou après crise, qui sont fortement à la hausse, la RDC aurait dû repayer beaucoup plus. Mettre seulement une date entre parenthèses dans un contrat peut signifier une grande différence et des millions de gagnés pour la RDC. Un coup de maître de la part du FMI, et on comprend en même temps pourquoi la Chine a rechigné avant de signer l'Avenant en question ici.

✓ Cependant différents points ne sont pas explicités dans ce document. Par exemple, quels sont « les travaux les plus urgents » mentionnés dans l'article et pour quel montant ? Quelles sont les échéances pour l'exécution des travaux et le calendrier pour les remboursements ? Ce n'est que dans l'encadré 1 publié dans le document du FMI (voir ci-dessous) que cela devient clair. Ce qui veut dire qu'il y a eu encore des corrections et clarifications de ces points dans un document ultime. Tournons-nous maintenant vers ce document qui fait l'état des lieux définitif concernant ce contrat sino-congolais.[1]

Dans la publication officielle du FMI, c'est-à-dire après l'approbation des deux conseils d'administration du FMI et de la Banque Mondiale de mars 2010, on voit bien quel a été l'impact de ces IFI (institutions financières internationales) sur la révision du contrat sino-congolais. Le souci principal du FMI était d'éviter que la RDC ne s'engage dans un nouveau cycle d'endettement au moment où le pays doit recourir au FMI et au Club de Paris pour la remise de la dette existante. Nous reprenons le résultat de cette révision résumé dans un encadré publié par le FMI.[2]

✓ **Évaluation de la révision du contrat sino-congolais**

La révision du contrat sino-congolais a beaucoup de mérites et clarifie les choses mais a aussi un important point faible si on l'évalue dans la perspective du développement et de la reconstruction du Congo. En premier lieu, la révision a le mérite de bien scinder ce qui est de l'aide et

---

[1] Vircoulon, T., Art.Cit., pp.75-84.

[2] Marysse, S.,''Le bras de fer entre la Chine, la RDC et le FMI : la révision des contrats chinois en RDC'', in *Afrique des grands lacs*, Annuaire 2009-2010, p.12.

qui doit donc répondre aux critères de l'aide publique, et ce qui ressort d'une logique de marché qui est l'investissement dans la production minière. Les prêts pour réaliser les infrastructures publiques sont des biens publics qui doivent normalement être payés par les fonds publics : au cas où il n'y a pas de fonds publics propres, un État peut faire appel aux fonds publics internationaux, c'est-à-dire l'aide publique. Pour qu'on puisse parler d'aide, il doit y avoir une composante de concessionnalité, c'est-à-dire l'élément don dans les prêts peut être de 100% s'il s'agit de dons ou, dans le cas où il s'agit de prêts, les conditions de remboursement doivent être plus généreuses que des prêts contractés sur le marché privé financier. La différence entre un don à 100 % et un prêt aux conditions de marché constitue l'élément don. Le Fonds monétaire, en fixant le taux d'intérêt dû sur le remboursement du principal au taux du LIBOR + 100 BP au moment de la passation du contrat, c'est-à-dire le 22 avril 2008, réalise un coup de maître car les taux étaient historiquement bas à ce moment. Le résultat se lit dans l'encadré publié par le FMI, le taux d'intérêt des remboursements est de 4,4 %, ce qui augmente sensiblement l'élément don, car les Chinois voulaient utiliser le taux LIBOR du jour du remboursement et donc normalement sensiblement plus haut. Ensuite, c'est seulement pour ces prêts d'infrastructures publiques que la garantie d'État est donnée, c'est-à-dire où la Chine peut exiger que l'État congolais doive donner d'autres concessions minières s'il n'était pas en mesure de rembourser les dettes. Enfin le remboursement des travaux prioritaires, donc selon l'encadré de 375 millions USD et celui de la 'première' tranche des infrastructures doivent être remboursés à partir des profits générés par la production minière qui sont attendus à partir de 2013. Cependant la Sicomines devra utiliser 85 % de ces bénéfices pour rembourser la première tranche des travaux d'infrastructures et non 66 % comme prévu dans la « Convention… », ce qui augmente la capacité de repayer les dettes plus vite que prévu en utilisant les bénéfices de la société minière au lieu d'augmenter le risque de transférer le remboursement sur la dette publique congolaise. Tous les investissements miniers sont considérés comme des biens privés qui doivent plutôt répondre aux exigences du marché et il n'y a donc pas de garanties d'État pour ces investissements. La Chine peut exiger ici un taux d'intérêt plus haut (de 6,1 %) pour rembourser le principal et les capitalisations des intérêts de cet investissement minier. En ce qui concerne les mérites de cette révision, il reste à mentionner que le texte du FMI est plus clair que l'Avenant sur différents points : le calendrier d'exécution des travaux et le remboursement, ainsi que les sommes engagées. Les travaux d'infrastructures doivent être réalisés dans les quatre années à venir (2014). C'est aussi le moment où le début des remboursements à partir de la production minière est attendu. Puis commence le remboursement des prêts pour les travaux d'infrastructures prioritaires (de 375 millions de dollars), et ensuite le remboursement des investissements miniers et ensuite les prêts travaux d'infrastructures restants, c'est-à-dire 3 milliards de dollars moins les 375 millions des travaux d'infrastructures prioritaires. Et c'est exactement dans le mot « restants » que plane le doute sur l'impact de cette révision. Il est dit très clairement dans l'encadré du FMI que l'accord sur les financements de l'infrastructure exclut « la seconde phase des projets d'infrastructure pour ne conserver qu'une phase unique pour un total de 3 milliards de dollars EU ». [1]

La logique du FMI et son souci premier sont donc de limiter l'impact du contrat sino-congolais sur la formation de la dette, non de maximaliser l'impact sur le

[1] Marysse, S., Art.Cit., p.12.

développement et la reconstruction du Congo. En bonne logique, on peut comprendre qu'un pays qui sera admis à une remise de la dette dans le cadre des PPTE n'aille pas immédiatement se jeter dans un nouveau cycle de dettes. Le mérite revient au FMI d'avoir amélioré les conditions de prêts et de minimaliser les impacts sur la dette de l'État congolais vu le peu de possibilités qu'a eu ce dernier de rembourser les dettes dans le passé. Ce qu'on déplore dans cette révision est que la RDC a grandement besoin d'infrastructures publiques, car sans cela toute la reconstruction économique s'en trouvera ralentie.

I.3. Les caractéristiques du contrat sino-congolais

Le « contrat du siècle », qui était entouré de beaucoup de secrets, est intéressant à plusieurs points de vue. Il s'agit ici du premier contrat 'publié' de 2007 appelé 'Protocole d'accord' et qui a suscité tant de commentaires.

La première caractéristique de ce contrat est qu'il englobe et règle dans un texte unique toutes les relations d'un pays avec un autre. Commerce, investissements, aide à la coopération et financement sont liés d'une manière qui démontre l'unicité de commande. Ainsi, la Chine, par le biais de son EXIM banque, va prêter de l'argent, estimé à 6,5 milliards de dollars, pour financer des travaux d'infrastructure dont la RDC a grand besoin pour reconstruire le pays, dévasté par trois décennies de mauvaise gestion et une guerre qui s'en est suivi. 3 500 km de routes seront asphaltés, 3 200 km de réseau ferroviaire construits. Et ce n'est pas tout, la Chine s'engage à financer et construire 32 hôpitaux de référence, 143 centres de santé et 5 000 logements. Ce seront des firmes chinoises qui exécuteront ces travaux, et comme ils ont de l'expérience et une bonne réputation en matière de qualité et de respect du calendrier en Afrique, on comprend l'engouement du gouvernement parce qu'il pourra présenter un bilan positif en matière de reconstruction. En effet, l'actuel président devra aller aux élections en 2011 et on comprend donc qu'il y a grande urgence de montrer que le gouvernement tient ses promesses de faire des progrès au niveau des « cinq chantiers » annoncés par le président et dans lesquels l'amélioration des infrastructures figurait d'une manière éminente. Seulement il s'agit d'un prêt et non d'un don, prêt qui devra donc être remboursé, non avec de l'argent mais avec la garantie d'accès et de livraison de matières premières à la Chine. On voit ici la contradiction entre le court et le long terme. La dominance de l'intérêt politique à court terme force le gouvernement à mettre en exergue les avantages visibles et à court terme et de rester aussi vague que possible sur les retombées négatives qui se feront sentir à long terme. En effet, la RDC s'engage à ériger des entreprises joint-ventures, qui exploiteront des gisements de cuivre, cobalt et or. L'annexe I au contrat stipule que la contrepartie de ces prêts consistera dans la livraison de 8 millions de tonnes de cuivre, de 202 mille tonnes de cobalt et de 372 tonnes d'or. Cette production à exporter en Chine est évaluée à trois milliards de dollars. C'est ici qu'intervient ***une deuxième particularité de ce contrat*** qui est celle de consister en un troc. [1]

Le principe de troc, dépeint par certains auteurs congolais comme une nouvelle forme de coopération véritable, n'est rien d'autre qu'un substitut à la garantie de remboursement de la dette contracté lors de l'exécution des travaux d'infrastructures. En principe, il n'y rien de négatif dans cette construction à condition que la valeur de remboursement soit évaluée au juste prix, c'est-à-dire au prix que le Congo aurait pu recevoir sur le marché mondial pour ces exportations. De nouveau c'est ici que le bât blesse

[1] Marysse, S., et Geene, S., « Les contrats chinois en rdc : l'impérialisme rouge en marche ? », in *L'Afrique des grands lacs.*, Annuaire 2007-2008, pp. 304-306.

; on y reviendra. Le troc a le désavantage de l'opacité en matière d'échange, on ne sait vraiment pas qui gagne et qui perd, car comment comparer l'échange d'hôpitaux et de routes contre du cobalt et du cuivre si ce n'est par le biais du prix ? Le principe du troc rend la comparaison floue. La « Convention de collaboration » du 22 avril 2008 est d'ailleurs beaucoup plus claire sur ce point que le « Protocole d'accord » d'août 2007 et, à vrai dire, il n'en reste plus rien, car le Groupement d'Entreprises Chinoises aura le droit d'exploiter les gisements cuprifères et cobaltifères, lesquels sont estimés avoir une capacité de 10,616 millions de tonnes de cuivre et 626,6 mille tonnes de cobalt17; ces gisements seront exploités, exportés, et ce sont les bénéfices (taux de rendement interne) de cette production/exportation qui rembourseront les investissements du projet minier et des infrastructures publiques.

Une troisième caractéristique liée à ce principe de troc est le principe « gagnant-gagnant », cher à la conception de la politique étrangère chinoise. À première vue, les Chinois obtiennent ce dont ils ont besoin, des matières premières, et les Congolais en contrepartie voient les efforts de reconstruction financés et exécutés par les Chinois. Rien de plus simple et d'équitable. Pas de discours condescendants sur l'aide octroyée aux pays pauvres receveurs d'aide. Ici la réciprocité est de mise et, si on en croit les chiffres du contrat, il y a même générosité de la part de la Chine puisque les infrastructures construites auraient une valeur estimée à 6,5 milliards de dollars, tandis que les exportations de matières premières sont évaluées à 3 milliards de dollars. Évidemment, il ne faut pas oublier, ce qui n'est pas évalué dans le contrat, que les Chinois devront encore fortement investir dans la mise sur pied de la capacité de production minière. Et c'est ici qu'intervient le troisième flux de relations économiques et ***la quatrième***

caractéristique de ce contrat : les investissements chinois et le remboursement de ces investissements.[1]

L'exploitation minière destinée à rembourser les prêts contractés pour les infrastructures publiques en RDC est conçue de la même manière dont les Chinois ont passé le contact avec des entreprises étrangères en Chine, par le biais de joint-ventures dans lesquelles les Chinois ont le contrôle majoritaire. Le contrat, pour une période totale de 30 ans, stipule en effet que les Chinois obtiendront 2/3 des votes et le gouvernement congolais 1/3. Ceci est important parce qu'il règle les modalités de remboursement du prêt. L'article 5 du contrat stipule que dans « la première étape … la totalité du résultat d'exploitation servira au remboursement et à l'amortissement de l'investissement minier extractif industriel et ce compris les intérêts » tandis que dans la deuxième étape « 66 % du résultat d'exploitation … sera utilisé pour le paiement et le remboursement des travaux d'infrastructure ». La troisième étape, dite étape commerciale, commence quand tout sera remboursé, c'est-à-dire aussi bien l'investissement des entreprises chinoises dans le projet minier que les prêts dans le cadre des infrastructures publiques (les 6,5 milliards de USD). Dans cette phase, le résultat sera partagé selon les parts de chaque contractant dans la joint-venture (2/3 pour la Chine, 1/3 pour la partie congolaise). Si dans le « Protocole » la manière dont on envisage le remboursement reste assez floue, cela devient plus clair dans le deuxième document de ce contrat appelé « Convention de collaboration entre la RDC et le Groupement d'entreprises chinoises : China Railway Group Ltd., Sinohydro Corporation relative au développement d'un projet minier et d'un projet d'infrastructures en RDC », document signé le 22 avril 2008. Dans ce document il devient très clair qu'il

---

[1] Marysse, S., et Geene, S., Art.Cit., pp. 304-306.

ne s'agit point d'un contrat de troc, mais bien d'un montage financier où l'État congolais s'endette via des garanties qui pèsent surtout sur la partie congolaise. L'article 13.3.3 stipule que, si le taux de rendement interne du projet minier est moins de 19 % annuel, « la RDC s'engage à prendre toutes les mesures susceptibles d'améliorer les conditions de coopération afin d'atteindre le seuil de 19 % au profit du Groupement d'Entreprises Chinoises » et même que la RDC, si le total n'est pas remboursé après 25 ans, « s'engage à rembourser le solde restant à payer par toutes autres voies » (art. 13.3.4). Quelles peuvent être « ces autres voies » ? L'article 10.3 de la convention ne laisse aucun doute : « la garantie du remboursement est assurée par la RDC qui s'engage… à octroyer au Groupement d'Entreprises Chinoises d'autres concessions minières ou d'autres ressources et moyens satisfaisants au cas où les revenus attendus de la JV Minière s'avéreraient insuffisants pour réaliser le remboursement de ses investissements dans le projet Minier et dans le projet d'Infrastructures ». ***Une cinquième caractéristique de ce contrat chinois est le temps d'horizon long de trente ans et l'absence des coûts de coordination.***[1] Tandis que les firmes occidentales ont un temps d'horizon court, déterminé par les profits et les cours des valeurs boursières, les contrats chinois ont un temps d'horizon plus long et garanti par un État qui leur permet et les incite à prendre des décisions stratégiques à long terme. ***La dernière caractéristique de ce contrat concerne les conditions d'exonération extrêmement libérales.*** Non seulement le gouvernement congolais dans l'article 6 accorde « le bénéfice de tous les avantages douaniers et fiscaux prévus dans le code des investissements et le code minier… » mais aussi « l'exonération totale de tous les impôts, droits, taxes, douanes, redevances directs ou indirects, à l'intérieur ou à l'import et l'export, payables en

[1] Marysse, S., et Geene, S., Art.Cit., pp. 304-306.

RDC.». Au vu de cet article 6 du contrat on peut se demander d'où vont venir les recettes budgétaires. Est-ce que le gouvernement a oublié que la Gécamines, au maximum de sa production, n'était pas seulement 'la maman et le papa de tout katangais', mais représentait, par les taxes sur sa production, jusqu'à 50 % de toutes les recettes de l'État? Ici on entre déjà dans l'évaluation critique de ce contrat.

Après avoir dégagé la portée du contrat sino-congolais, nous présentons l'un des axes du contrat qui est le projet d'infrastructure.[1]

II. Les projets miniers et d'infrastructures du programme Sino-Congolais

II.1. Brève présentation de l'Agence Congolaise des Grands Travaux

Créée par décret n° 08/017 du 26 août 2008, l'ACGT est un service public, à caractère technique, placé sous la tutelle du Ministère ayant les Infrastructures dans ses attributions. L'ACGT a pour mission principale le pilotage des projets d'infrastructures structurantes dans les secteurs de routes, chemins de fer, voiries, ports, aéroports, bâtiments et énergie. A ce titre, l'ACGT assure la maitrise d'ouvrage déléguée des projets mis en œuvre dans le cadre du programme sino congolais, des projets spécifiques des concessions ainsi que des projets financés par le Gouvernement de la République. L'ACGT développe également des projets en partenariat public privé, type concession, en se conformant à la Loi n°10/010 du 27 avril 2010 relative aux marchés publics. L'ACGT ambitionne devenir un grand bureau d'ingénierie compétitif et performant, capable d'apporter des solutions innovantes aux questions de développement des projets

[1] Marysse, S., et Geene, S., Art.Cit., pp. 304-306.

d'infrastructures en République Démocratique du Congo. Elle a mis en place un plan stratégique de développement, réalisable sur cinq ans, soit de 2015-2019.

C'est dans ce cadre que l'ACGT intervient ou exécute les différends projets financés dans le cadre du programme sino-congolais.

II.2. Aperçu des projets exécutés de 2008-2019

Comme il est indiqué dans les lignes précédentes les différends projets exécutés sont tributaire de la Convention de Collaboration (CC) signée le 22 avril 2008 entre la République Démocratique du Congo et le groupement d'Entreprises chinoises CREC et SINOHYDRO ainsi que la banque chinoise EXIMBANK. Cette convention concerne le développement d'un projet minier et d'un projet d'infrastructures regroupés sous la dénomination « Projet de Coopération ». Elle a été précédée par des Accords de Coopération signés entre les deux parties pour la réalisation desdits projets.

Les projets d'infrastructures répertoriés dans les tableaux n°5 et 6 de la CC, financés sous forme d'une concession des mines, concernent les six secteurs d'intervention de l'ACGT et devraient porter sur un coût global de 3 milliards US$. En effet, le groupement EXIMBANK - SICOMINES assure le financement des projets dont les études et des travaux sont réalisés par les entreprises chinoises, signataires de la CC. Soulignons ici que le tableau ci-dessous reprend les différents projets pilotés par l'Agence Congolaise des Grands Travaux dont le financement provient à 93% du programme Sino-Congolais.

Tableau n°1. Projets d'infrastructures exécutés par l'ACGT de 2008-2014

N°	Désignation des Projets	Entreprise	Secteur	Montant (US$
1	Modernisation de l'hôpital du cinquantenaire	SINOHYDRO 2	Bâtiment	99.873.757,77
2	Terrassement de la RN5 : Lubumbashi-Kasomeno	CREC 7	Route	50.501.657,52
3	Bitumage de la RN5 : Lubumbashi-Kasomeno	CREC 7	Route	87.526.278,51
4	Modernisation de l'avenue du Tourisme	CREC 8	Voirie	24.368.749,30
5	Modernisation de la route Lutendele	CREC 8	Voirie	21.007.915,30
6	Modernisation du boulevard du 30 Juin lot 1	CREC 7	Voirie	24.118.559,82
7	Modernisation du boulevard du 30 Juin lot 2	CREC 7	Voirie	19.341.204,19
8	Modernisation des boulevards Sendwe et Triomphal	CREC 8	Voirie	29.234.927,99
9	Construction de l'avenue Ndjoku	SINOHYDRO 1	Voirie	25.770.884,02
10	Construction de l'avenue de la Paix	SINOHYDRO 1	Voirie	48.178.162,02
11	Modernisation boulevard Lumumba lot 2	CREC 8	Voirie	93.441.240,68
12	Modernisation boulevard Lumumba lot 3	CREC 8	Route	94.949.153,55
13	Bitumage de la	SINOHYDR	Route	33.342.701,41

	traversée de Butembo	O 14		
14	Construction de la RN5 : BukavuKamanyola	SINOHYDR O 14	Route	79.763.741,80
15	Modernisation de la Boucle de la Gare	CREC 7	Voirie	1.932.876,02
16	Construction du pont Mpozo	CREC 7	Route	21.000.007,00
17	Réhabilitation de 40 Km : Mpozo- Nduizi	CREC 7	Route	27.545.682,58
18	Sauvegarde du site érosif de Kindele	CGCD	Voirie	5.698.013,38
19	Reconstruction route Kimwenza (erosion Kindele)	CGCD	Voirie	1.337.135,95
20	Implantation de l'Usine préfabriqué[1]	CREC 7	Bâtiment	7 492 260,00
21	Terrassement et bitumage de la RN5 : Lubumbashi-Kasomeno	CREC 7	Route	162 283 871,42

Source : Rapport Annuel 2011, 2012, 2013, 2014 ACGT

[1] Ce projet s'inscrit dans le cadre du développement des projets de logements sociaux en RDC. Il consiste à installer dans la Province Orientale, à Kisangani, une unité industrielle complète de production des préfabriqués à partir de sel de polystyrène d'acier galvanisé en rouleaux.

Cette usine produira des éléments préfabriqués pour la construction, à coût réduit, des bâtiments qui pourront servir de logements, bureaux ou hôpitaux.

Ce projet prévoit également la construction, à Kinshasa, de dix (10) maisons témoins de type San Marino (modèle de villa italienne).

Les caractéristiques principales de ce projet se présentent sous 2 volets : l'achat et le transport de l'usine de production des préfabriqués jusqu'au site d'implantation et la fourniture d'un hangar de 2800 m2 à Kisangani ; et la construction du gros-œuvre de dix (10) maisons témoins à Kinshasa

Ce tableau nous donne une vue générale des infrastructures exécutées par l'Agence Congolaise des Grands Travaux. Nous précisons aussi le montant alloué dans chaque infrastructure et le secteur dans lequel est investie l'infrastructure.

a) Répartition par province

De 2008 à 2014, tout comme depuis sa mise en œuvre, le programme ACGT n'a couvert que cinq (6) provinces suivantes : Kinshasa, Bas-Congo, Katanga, Sud-Kivu, Nord-Kivu et la province orientale. Cette situation se justifie par l'approche de planification du départ qui a :

✓ priorisé les zones qui offraient un déploiement aisé des entreprises et des équipements ; et

✓ mis l'accent sur la modernisation de la ville-province de Kinshasa, la Capitale, considérée comme le miroir du Pays.

Tableau 2 : Répartition des projets par province

Province	Projet		Coûts (Millions)
	Nombre	%	
Kinshasa	13	68	489
Bas Congo	2	11	49
Katanga	2	11	138
Sud Kivu	1	5	80
Nord Kivu	1	5	33
Province Orientale	1	5	22

Ceci justifie le fait que Kinshasa a bénéficié de 13 projets sur les 19 exécutés, soient 68 % du nombre total des projets. La répartition des projets par province bénéficiaire se présente comme indiqué dans le tableau 6.

En termes de financement, la part de financement qui revient à Kinshasa représente 62 % du coût total du programme. Tous les projets de voiries concernent la ville de Kinshasa pour autant que l'état de dégradation en faisait une priorité des priorités pour le Gouvernement. Tous les projets du Bas-Congo sont financés à travers la BOT. Ci-dessous, le graphique de répartition de financement en dollars par province.[1]

[1] Rapport annuel 2011, 2012, 2013, 2014 de l'Agence Congolaise des Grands Travaux.

Tableau N° 3. Projet du programme Sino-Congolais en cours depuis 2015

N°	Projets	Localisation	Longueur /Superficie	Capacité	Coût	Observation
1	Traversée de Butembo	Nord-Kivu	15 km	2x1 voie	33 342 701,41	Achevé
2	Modernisation de la RN5 : Bukavu-Kamanyola	Sud-Kivu	55,00 km	2x1 voie	80 458 499,86	5 premiers km achevés
3	Construction de l'aérogare de l'aéroport de Kalemie	Tanganyika	-	-	5 500 000,00	A démarrer
4	Ouverture de la Route Kamina-Kabongo	Haut-Lomami	230km	2x1 voie	6 000 000,00	A démarrer
5	Ouverture de la Route Kabondo DiandaMukwende (350 km)	Haut-Lomami	350,00 km	2x1 voie	6 000 000,00	A démarrer
6	Construction d'un stade de Bunia	Ituri	14 633,44 m^2	10 000 places	10 000 000,00	En cours
7	Réhabilitation de la Route revêtue Mbuji Mayi-Mwene Ditu (135 km)	Kasaï Oriental et Lomami	135,00 km	2x1 voie	15 000 000,00	En cours
8	Réhabilitation de la Route Kikwit-Idiofa (70 km)	Kwilu	70,00 km	2x1 voie	10 000 000,00	En cours

9	Construction de l'unité de captage et de traitement d'eau à Kamina	Haut-Lomami	2 618,37 m^2	7.000 à 10.000 m3 d'eau/Jour	10 000 000,00	En cours
10	Réhabilitation et Modernisation de la voirie de Kolwezi	Lualaba	-	-	6 000 000,00	En cours
11	Réhabilitation de la Route Bunagana-Rutshuru-Goma (100 km)	Nord Kivu	15,00 km	2x1 voie	11 000 000,00	En cours
12	Modernisation de la Voirie d'Uvira	Sud Kivu	55,00 km	2x1 voie	13 000 000,00	En cours
13	Construction du stade de Bukavu	Sud Kivu	14 633,44 m^2	10 000 places	10 000 000,00	En cours
14	Construction d'un nouveau stade à Kalemie	Tanganyika	26 633,49 m^2	15 000 places	10 000 000,00	En cours
15	Réhabilitation et Modernisation de la voirie de Kalemie	Tanganyika	12,5 km	2 x 2 voies	15 000 000,00	En cours
16	Réhabilitation et Modernisation de la voirie de Manono	Tanganyika	5,00 km	2x1 voie	10 000 000,00	A démarrer
17	Réhabilitation de la Route Kitanda-Ankoro (70 km)	Tanganyika	70,00 km	2x1 voie	5 000 000,00	A démarrer

18	Réhabilitation de la Route Ankoro-Manono (115 km)	Tanganyika	115 km	2x1 voie	5 000 000,00	A démarrer
19	Réhabilitation de la Route Lwambo-MitwabaManono-Kalemie (466,12 km	HautKatanga, HautLomami, Tanganyika	171,6 km	2x1 voie	30 000 000,00 (Phase I)	En cours
20	Modernisation de la Voirie de Kisangani	Tshopo	10,315 km	2x1 voie	15 000 000,00	En cours
21	Acquisition de 5000 poteaux solaires	Tanganyika			10 000 000,00	En cours
22	Modernisation de l'Avenue NZOLANA	Kinshasa	10,976	2 x 1 voie	15 000 000,00 (Phase 1)	Première phase achevée (1,4km)
23	Renforcement des boulevards Sendwe et Triomphal	Kinshasa	-	2x4 et 2x3 voies	5 000 000,00	Réception provisoire de la chaussée
24	Modernisation de la Route Mwene Ditu – Kamina – Nguba	Kasai-Orientale	750 km	-	15.000.000	-
25	Réhabilitation et Modernisation de la Voirie de Kalemie	Tanganyika	-	-	10.000.000	-

26	Réhabilitation et Modernisation de la Voirie de Manono	Tanganyika	-	-	5.000.000	-
27	Asphaltage de la Route Lwambo – Mitwaba – Manono – Kalemie	Tanganyika	-	-	35.000.000	-
28	Construction et modernisation du Pont Kabalo (sur la rivière Luizi)	Tanganyika	-	-	5.500.000	-
29	Ouverture de la Route Kamina – Kabongo	Haut Lomami	230km	-	6.000.000	-
30	Ouverture de la Route Kabondo - Dianda – Mukwende	Haut Lomami	350km	-	6.000.000	-
31	Construction du Stade de Goma	Nord Kivu	-	-	10.000.000	-
32	Modernisation de la Route Komanda – Bunia – Mahagi (265 Km)	Bas Uwelé	-	-	10.000.000	-

Source : Rapport annuel 2015, 2016, 2017 de l'ACGT.

Le tableau présenté en sus retrace également les différends ouvrages réalisés dans le cadre du programme sino-congolais. Soulignons de ce fait que ce dernier présente les ouvrages réalisés et en cours de réalisation à partir de l'année 2015 jusqu'à nos jours. Indiquons aussi que la plupart de travaux répertoriés dans ce tableau sont soit en cours de réalisation, soit non démarrés.

b) Quelques détails sur certains projets relevés ci haut.

1. Traversée de Butembo (15 km)

Le projet s'inscrit dans le cadre de la modernisation des grandes artères dans les différentes provinces de la RDC. Cette route permet la liaison rapide et directe entre la ville de Butembo, qui est un grand centre commercial, et la ville de Beni. Cette dernière ville est aussi un grand centre de relai vers la cité de Kasindi à la frontière avec l'Ouganda. Assurer sa construction permet aussi d'accroître les échanges économiques entre l'Est de la RDC et les pays de l'Afrique de l'Est (Corridor nord-est).

En effet, les objectifs sont :

- d'améliorer les conditions de trafic entre les localités de Butembo, Beni et Kasindi ;

- d'accroître le trafic et assurer leur continuité avec l'Ouganda ;

- et de réduire le coût d'exploitation des véhicules et leurs temps de parcours.

2. Projet de Construction et Modernisation de la RN5 : Bukavu - Nyangezi - Kamanyola - Uvira/Lot1 : Bukavu - Nyangezi - Kamanyola (55,50 Km)

Le projet Bukavu-Nyangezi-Kamanyola, dit projet de souveraineté, s'inscrit dans le cadre du désenclavement et de la connexion des grandes villes des provinces de la RDC. En effet, les villes de Bukavu et d'Uvira connaissent des échanges commerciaux très importants. Elles sont frontalières et grandes productrices agricoles ; cependant, pour partir de Bukavu à Uvira ou le sens contraire, il faut passer par le Rwanda. Le bitumage de cette route mettra fin à la dépendance tenue depuis des décennies sur le tronçon correspondant, en terre Rwandaise.

Ce projet permettra en effet :

- de connecter par voie directe les villes de Bukavu et Uvira

- d'assurer la continuité du trafic et améliorer les conditions de ce trafic entre les deux villes du Sud-Kivu ;

- d'améliorer le flux des échanges commerciaux ;

- et de réduire le coût d'exploitation des véhicules et leurs temps de parcours[1]

3. Construction du stade de Bunia (10.000 places)

Le projet s'inscrit dans le cadre des actions du Gouvernement destinées à remédier au déficit de la RDC en infrastructures sportives. Comptant seulement 4 stades homologués par la FIFA ou CAF (stade des Martyrs, stade Tata Raphaël, stade de Mazembe et stade Kibasa Maliba), l'Etat congolais a entamé non seulement la modernisation des infrastructures sportives mais également la construction de nouvelles infrastructures. Cela surtout dans l'optique de l'organisation envisagée des grandes compétitions continentales à l'instar de la Coupe d'Afrique des Nations.

[1] Rapport annuel 2015, 2016, 2017 de l'Agence Congolaise des Grands Travaux.

4. Réhabilitation de la Route revêtue Mbuji Mayi-Mwene Ditu (135 km)

Le projet s'inscrit dans le cadre du désenclavement des grandes villes dans les provinces de la RDC. Ce tronçon, long de 135 km, se trouve dans un état de praticabilité très relative. Ce tronçon constitue l'un des maillons faibles de la RN1 et met en mal la continuité de cette dernière. Les objectifs sont d'assurer la continuité du trafic ; d'améliorer les conditions de trafic ; et de réduire le coût d'exploitation des véhicules et leurs temps de parcours.

5. Réhabilitation de la Route Kikwit-Idiofa (70 km)

Le projet s'inscrit dans le cadre du désenclavement des grandes villes dans les provinces de la RDC.

6. Construction de l'unité de captage et de traitement d'eau à Kamina

Le projet s'inscrit dans le cadre des actions du Gouvernement de la République de mettre fin à pénurie d'eau potable dans les grandes villes des provinces. La ville de kamina, Chef-lieu de la Province de Haut Lomami, souffre d'un déficit d'approvisionnement en eau potable. La production actuelle de la Regideso est de 450 m3 d'eau par jour. Le projet de construction de l'unité de captage et de traitement d'eau à Kamina permettra d'atteindre une production de 7.000 à 10.000 m3 d'eau par jour.

Ce projet pourra tant soit peu augmenter la capacité de la Regideso de production d'eau potable à Kamina, réduire le taux des maladies dues à l'usage d'eau non potable à Kamina et d'améliorer les conditions de vie de la population de Kamina.[1]

---

[1] Rapport annuel 2015, 2016, 2017 de l'Agence Congolaise des Grands Travaux.

7. Réhabilitation et Modernisation de la voirie de Kolwezi

Le projet s'inscrit dans le cadre de la modernisation progressivement de la voirie de la ville de Kolwezi pour faire face à la démographie croissante et l'expansion de la ville tout en assurant le confort et la sécurité des usagers de la route.

8. Réhabilitation de la Route Bunagana-Rutshuru-Goma (100 km)

Ce tronçon de la RN2 est réalisé dans le cadre des projets de développement des zones post-conflit de l'Est de la RDC. En effet, son état de délabrement favorisait des attaques des groupes armés négatifs sur des convois des opérateurs économiques de la région. Pour des raisons sécuritaires, il fut jadis déconseillé de l'emprunter. Sa réhabilitation permettra le rétablissement du pouvoir de l'Etat dans la zone.

9. Construction du stade de Goma

Le projet s'inscrit dans le cadre des actions du Gouvernement destinées à remédier au déficit de la RDC en infrastructures sportives. Comptant seulement 4 stades homologués par la FIFA ou CAF (stade des Martyrs, stade Tata Raphaël, stade de Mazembe et stade Kibasa Maliba), l'Etat congolais a entamé non seulement la modernisation des infrastructures sportives mais également la construction de nouvelles infrastructures. Cela surtout dans l'optique de l'organisation envisagée des grandes compétitions continentales à l'instar de la Coupe d'Afrique des Nations. Quatre provinces avaient été retenues dans le cadre du budget 2015 du programme sino congolais : Nord Kivu, Sud Kivu, Tanganyika et Ituri.

10. Réhabilitation de la Route Lwambo-Mitwaba-Manono-Kalemie (466,12 km)

Ce projet est réalisé dans le cadre du développement de la partie Sud-Est de la RDC. Il permettre de relier les parties Sud et Nord de l'ex-Province du Katanga en vue de favoriser la circulation des biens et personnes.

11. Modernisation de la Voirie de Kisangani

Ce projet est réalisé dans le cadre de la modernisation progressivement de la voirie de la ville de Kisangani héritée de la colonisation pour faire face à la démographie croissante ainsi qu'à l'expansion des villes tout en assurant le confort et la sécurité des usagers de la route.[1]

12. Acquisition de 5000 poteaux solaires

Ce projet s'inscrit dans le cadre de l'éclairage des grandes artères dans les différentes provinces. Il porte sur la fourniture et l'installation des poteaux d'éclairage public solaire.

En effet, au regard de ce qui précède, il nous revient de ressortir l'impact des différents projets d'infrastructures sur le développement socio-économique de la RDC.

[1] Rapport annuel 2015, 2016, 2017 de l'Agence Congolaise des Grands Travaux.

II.3. Axe de la production minière

Tableau N°4. Les activités d'exploitation de la SICOMINES

Années	Activités	Production	Sous-traitants	Employés	
				Expatriés	Congolais
2008-2009	Exploration	-	-	31	45
2010-2013	Construction des Usines	-	1200	31	85
2013-2015	Exploitation	-	700	156	391
2016	Exploitation	125000 Tonnes	700	200	877
2017	Exploitation	125000 Tonnes	700	311	1300
2018	Exploitation	125000 Tonnes	700[1]	311	1300

Source : ce tableau est fait par nous sur base des éléments récoltés à la SICOMINES.

Le tableau n°8 décrit les différentes phases des activités de la SICOMINES. Ici, nous remarquerons qu'après la signature du contrat sino-congolais en 2008, la SICOMINES s'est lancé d'abord dans les opérations d'exploration minière et de la construction des usines de transformation. C'est seulement le 6 novembre 2016 que la SISOMINES a lancé sa première production. La SICOMINES compte doubler sa production en la ramenant à 250000 les années à venir mais cela ne peut être possible qu'après la mise en place effective du barrage de BUSANGA.

[1] Toutes les soustraitances sont chinoises.

Tableau n°4. STATISTIQUES DES EXPEDITIONS ET DES EXPORTATIONS DES PRODUITS MINIERS AU COURS DE L'ANNEE 2017

Mois / Nature Produits	*Janvier*	*Février*	*Mars*	*Avril*	*Mai*	*Juin*	*Juillet*	*Août*	*Septembre*	*Octobre*	*Novembre*	*Décembre*	*Total*
Concentré de Cuivre	17 455,20	15 584,65	24 860	16 441,50	18 559,50	22 447,70	23 749,00	12 650,21	17 480,00	8 734,00	9 352	1 744,91	*189 058,71*
Cathode de Cuivre	2 958,67		2 877,06	1 752,46	3 220,68	2 565,55	3 687,00	1 748,47	2 061,00	3 984,00	2 275,17	2 567,93	*29 697,99*
Hydroxyde de Cobalt						3 630,80	710	477,4					*4818,2*

Source : le rapport 2017 sur les exportations et les expéditions de la division provinciale des mines de la province de Lualaba

NB: De Janvier jusqu'au mois de Septembre 2019 (Expédition), A partir du mois d'octobre jusqu'à Décembre 2019 (Exportation)

Tableau n°5. STATISTIQUES DES EXPORTATIONS DES PRODUITS MINIERS AU COURS DE L'ANNEE 2018

Mois / Nature Produits	*Janvier*	*Février*	*Mars*	*Avril*	*Mai*	*Juin*	*Juillet*	*Août*	*Septembre*	*Octobre*	*Novembre*	*Décembre*	*Total*
Concentré de Cuivre	11 679,10	12 272,30	10 489	4 936,22	11 860,40	4 953,29	9 740,46	14 539,90	7 994,35	10 944,87	13 176	12 408,92	*124 995,07*
Cathode de Cuivre	1 865,98	4 175,30	5 931,88	2 204,17	6 255,38	6 286,07	7 735,90	6 465,54	8 576,15	9 075,04	6 787,62	1 299,71	*66 658,74*
Hydroxyde de Cobalt	0	245,36	243,21	35	0	515,25	0	240,47	0	34,11	4288,72	178,35	*5780,47*

Source : le rapport 2018 sur les exportations et les expéditions de la division provinciale des mines de la province de Lualaba

Tableau n°6. STATISTIQUES DES EXPORTATIONS DES PRODUITS MINIERS AU COURS DE L'ANNEE 2019

Mois / Nature Produits	*Janvier*	*Février*	*Mars*	*Avril*	*Mai*	*Juin*	*Juillet*	*Août*	*Septembre*	*Octobre*	*Novembre*	*Décembre*	*Total*
Concentré de Cuivre	8 854,50	7 100,25	10 661	1 478,23	0,00	9 586,62	13 327,88	10 644,31	7 594,14	10 561,42	-	-	*79 808,40*
Cathode de Cuivre	6 746,61	7 659,12	6 609,16	0,00	12 235,34	5 115,33	7 715,91	7 130,11	6 767,78	7 453,37	-	-	*67 432,73*
Hydroxyde de Cobalt	89,9	0	0	0	0	246,27	0	0	343,4	352,19		-	*1031,76*

Source : le rapport 2019 sur les exportations et les expéditions de la division provinciale des mines de la province de Lualaba

Dans les tableaux N°9, 10, 11, sont retracé de manière précise le volume d'exportation des cuivres en tonnes. La moyenne de ces exportations représente 157 026,89 tonnes de cuivre concentré et 48 178,37 tonnes de cathodes de cuivre par an.

III. Impact des axes du contrat sino-congolais sur le développement socio-économique de la République Démocratique du Congo

III.1. Impact du projet Sicomines sur le cadre de vie des communautés locales

A. Impact sur le cadre de vie des communautés locales

C'est vers la fin de l'année 2012 que la Sicomines a commencé à s'installer et amorcer ses travaux dans les mines de DIKULUWE et MASHAMBA. Cette installation s'est faite à la grande surprise des habitants de la cité de Kapata et des villages environnants.

L'installation de cette compagnie minière avait suscité non seulement des craintes dans le chef des communautés locales, mais aussi de véritables problèmes qui auront sensiblement changé leur mode de vie à travers les impacts négatifs engendrés sur leur vie quotidienne.

En effet, les problèmes majeurs que les communautés ont posés vis-à-vis de la présence de la Sicomines dans leur milieu se rapportent à l'accès et la destruction des champs, à l'accès à la source d'eau naturelle des habitants de Kapata et de la ferme Kaya, à l'approvisionnement en vivres pour les habitants de la cité de Kapata, à l'enclavement des villages Mutaka et Ndjoni, au processus d'expulsion des habitants de la ferme Barthélemie Wangwiya, à la crainte d'une éventuelle expulsion forcée de leurs logements pour les habitants de la cité Kapata, des fermes et à l'avenir de l'activité minière artisanale qui emploie une grande majorité des jeunes de ces contrées. Par ailleurs, de nombreux interlocuteurs se sont plaints sur l'insuffisance de l'information, de la consultation et de la communication entre la Sicomines et ces communautés riveraines, les problèmes d'accès et de destruction des champs et le problème du logement (l'expulsion des habitants de la ferme Bartelemie Wangwiya et la crainte d'une éventuelle expulsion pour les habitants de la cité de Kapata).

Ces problèmes sont analysés dans la perspective des droits humains, c'est-à-dire que ces craintes et impacts négatifs seront liés à des droits humains universellement reconnus. Ainsi, dans l'analyse des obligations et responsabilités des parties prenantes, les questions d'information et de communication seront présentées au regard du droit à l'information et à la participation, la crainte relative à une éventuelle expulsion forcée des communautés locales de leurs logements sera examinée dans le cadre du droit au logement et les problèmes des champs dans la perspective du droit à l'alimentation.[1]

a) Le problème d'insuffisance d'information, de consultation et de la participation des communautés locales.

« La Sicomines est une affaire des kinois et des chinois… ». Cette déclaration a été faite par des membres des communautés interviewés et résume l'interprétation qu'en font de nombreux interlocuteurs rencontrés tout au long du processus de recherche. Cette affirmation tend à indiquer que dans l'organisation des consultations, la Sicomines n'a pas assez fait participer les communautés locales en l'occurrence les populations touchées par ses activités et encore moins les autorités étatiques locales et la

---

[1] ASIBOG, IBGDH, Rapport d'évaluation des impacts du projet Sicomines sur les droits des communautés locales dans la région de Kolwezi, décembre 2014.

société civile. Ces acteurs ont simplement constaté que la Sicomines est en train de s'implanter et de déployer ses activités.

Outre les membres des communautés locales, des leaders d'opinions tels les pasteurs d'églises, les directeurs d'écoles, les prêtres etc. interrogés séparément par l'équipe de recherche, ont soutenu qu'ils n'avaient pas assez d'information sur l'entreprise Sicomines mais qu'ils avaient appris simplement que le chef de quartier aurait sélectionné quelques individus pour parler avec les chinois et personne ne connaît le contenu de leur entretien. Bref, les communautés affectées affirment avoir été mises devant le fait accompli.

Des opérations comme les sondages organisés par la Sicomines dans la cité de Kapata comme dans les champs appartenant aux membres de la communauté l'ont été sans que personne n'en soit informé à l'avance.

Les membres des communautés locales tant à Kapata, à Mutaka que dans les fermes ont exprimé leur vive préoccupation quant à l'insuffisance d'information, de consultation et de participation dans le processus de mise en œuvre du projet Sicomines, que cela ne vienne de la Sicomines ou de l'État congolais. Plusieurs membres des communautés ont confié à l'équipe qu'ils se sentent en insécurité permanente sur le sort qui leur est réservé par rapport aux activités du projet Sicomines. [1]

b) Les problèmes relatifs aux champs

La question des champs était l'une des préoccupations majeures des communautés rencontrées en ce que l'agriculture constitue leur principal moyen de subsistance.

---

[1] ASIBOG, IBGDH, Rapport d'évaluation des impacts du projet Sicomines sur les droits des communautés locales dans la région de Kolwezi, décembre 2014.

Les récoltes permettent de subvenir non seulement aux besoins alimentaires mais aussi de répondre aux autres besoins familiaux tels la scolarité des enfants, les soins médicaux, l'habillement,...

Les problèmes se sont présentés successivement sous quatre formes : les problèmes d'accès aux champs, l'expropriation, la destruction ainsi que le processus d'indemnisation des victimes.

Ces problèmes se posent essentiellement aux cultivateurs de la cité de Kapata ainsi qu'aux habitants des deux fermes décrites ci-haut.

Les problèmes décrits ci-dessus ont eu un réel impact négatif sur la vie quotidienne des communautés affectées. La pratique d'enregistrement au niveau de la barrière par exemple a eu comme impact que les cultivateurs ont vu leur production baisser à cause de la réduction du temps du travail. La fermeture des chemins et la destruction des champs ont pour conséquences que les communautés de Kapata ont vu les productions des pistaches, haricot, manioc, arachide et autres produits champêtres baisser voire être anéantis.

c) Les problèmes relatifs au logement

Comme indiqué précédemment, les habitants de la ferme Barthelemie Wangwiya ont déjà été délocalisés par la Sicomines alors que ceux de la cité Kapata craignent une éventuelle expulsion de leurs logements.

S'agissant de la délocalisation des habitants de la ferme Barthelemie Wangwiya, il est indiqué qu'à la suite des négociations entamées entre le propriétaire de la ferme, Monsieur Barthelemie Wangwiya et la Sicomines sous l'égide de la commission urbaine chargée de la relocalisation des communautés, il a été trouvé un compromis accepté des deux parties. Les compensations ont été versées au seul propriétaire de la ferme avant la délocalisation des habitants. Tout en saluant l'implication de la commission urbaine chargée de la relocalisation des communautés, l'équipe de recherche ne comprend pas cependant pourquoi les autres habitants et cultivateurs de cette ferme n'ont pas été indemnisés alors qu'ils avaient des biens (champs, maisons d'habitation) dans la ferme. [1]

Pour le cas des habitants de la cité Kapata, la crainte d'expulsion est justifiée dans la mesure où les activités de la Sicomines se développent à la fois non loin de leurs maisons d'habitation mais aussi les activités de sondage qui se sont réalisées au sein même de la cité.

Par exemple, au sein du bloc B6 de la cité de Kapata, plus précisément aux environs de l'église Maranatha, la Sicomines avait fait des sondages dont les résultats ne sont pas connus des habitants de la cité. Bien plus, l'entreprise Sicomines a placé des piquets et plaques au niveau de la salle de fête de la cité de Kapata dont la signification n'est pas connue des communautés. Toutes ces activités réalisées en pleine cité Kapata dans un contexte d'absence d'information et de consultation renforcent les craintes des habitants qui s'interrogent sur les vraies limites de la concession de la Sicomines. L'inquiétude est d'autant plus perceptible dans une partie de la cité constituée de maisons d'habitations encore non aliénées par la Gécamines qui se trouvent à proximité de la concession de la Sicomines.

Comme mentionné précédemment, la plupart des occupants de ces maisons sont soit d'anciens agents de la Gécamines soit des ayants droit des agents Gécamines qui attendent le dénouement des conflits du travail avec leur ancien employeur.

---

[1] ASIBOG, IBGDH, Rapport d'évaluation des impacts du projet Sicomines sur les droits des communautés locales dans la région de Kolwezi, décembre 2014.

Les investigations menées par l'équipe de recherche auprès de la Gécamines à Kolwezi ont révélé que les communautés qui vivent dans les blocs A1, A2, A3 et A4 sont le plus concernées par l'éventualité d'une expulsion en ce sens que ces maisons n'ont pas été aliénées par la Gécamines qui aurait estimé que lesdites maisons sont sur un gisement minier pouvant être exploité à tout moment. Cependant, aucune information dans ce sens n'a encore été donnée aux personnes concernées ni par les services étatiques ni par l'entreprise Sicomines qui avait fait des consultations restreintes dans les conditions décrites ci-dessus. A cette crainte d'une éventuelle expulsion, s'ajoutent les bruits et vibrations dus aux activités de l'entreprise qui, il faut le rappeler, se réalisent à moins de 20 mètres de certaines maisons d'habitation de la cité Kapata. La complexité de droits des occupants des maisons non vendues ainsi que les vibrations des engins préoccupent les habitants de Kapata qui se posent plusieurs questions sur ce qui leur arrivera en termes d'indemnisation et/ou de relocalisation en cas d'une délocalisation de leur cité. Ces questionnements mettent les habitants de la cité de Kapata dans un climat d'insécurité permanente qui, forts de ce qui leur est déjà arrivé pour les cas des champs, ne savent pas de quoi sera fait leur avenir. Pourtant, la description du projet indique que « les opérations se développeront dans un rayon de moins de 2 km2 pour certaines habitations. Pour ce faire, il est recommandé qu'un système de suivi des vibrations soit mis en place pour assurer que les plaintes des communautés avoisinantes soient bien adressées ». Or, le périmètre de 2 km2 inclut une partie, si pas toute la cité de Kapata dont les habitants n'ont pas cette information.[1]

---

[1] ASIBOG, IBGDH, Rapport d'évaluation des impacts du projet Sicomines sur les droits des communautés locales dans la région de Kolwezi, décembre 2014.

Une telle affirmation indique tacitement que la cité de Kapata sera un jour délocalisée par le projet Sicomines ; mais à ce jour rien n'est encore planifié pour une éventuelle délocalisation.

B. Autres problèmes

✓ ***La production minière et le défi énergétique***

La faible production de la SICOMINES de 125000 Tonnes créée un impact significatif sur la durée du contrat. Il était pourtant prévu une production minière de 200000 tonnes la première année et cette dernière sera portée 400000 tonnes l'année suivante[1]. Cette faiblesse est due au manque d'énergie électrique. La partie chinoise reconnaît n'avoir pas respecté ses obligations mais c'est dû au manque d'électricité disponible en RDC. Il lui faudrait 170 MW de plus. En 2013 déjà, le gouvernement congolais avait interdit l'exportation de cuivre et de cobalt non transformés mais n'avait pas appliqué son interdiction, en raison du déficit chronique en électricité dans le pays. Les Chinois ont bien compris les contraintes de leur gisement. Ils investissent dans une centrale électrique à Busanga, mais ça leur prendra encore un an ». L'investissement prévu par la Sicomines est de 660 millions de dollars et elle en espère 240 MW supplémentaires.[2]

Le paragraphe suivant analyse l'axe de la construction des infrastructures et son impact sur le développement socio-économique de la RDC.

[1] Article 7 du contrat sino-congolais.
[2]Cros, M., « RDC: conflit entre Kinshasa et des investisseurs chinois », disponible en ligne sur internet, *https://afrique.lalibre.be/9696/rdc-conflit-entre-kinshasa-et-des-investisseurs-chinois/,* consulté le 17 août 2019, à 13 heures.

III.2. Projet d'infrastructure et le développement socio-économique de la RDC

a) Les infrastructures réalisées et non réalisées

Tableau N°7. Évaluation des infrastructures prévues

N°	PROJET	LONGUEUR EN KM	DESCRIPTION DES TRAVAUX	OBSERVATION
I.	**CHEMIN DE FER**			
1	Tenke – Kolwezi – Dilolo	530	Réhabilitation + Modernisation	Non réalisé
2	Sakania – Lubumbashi – Kalemie – Mweneditu – Kananga	1833	Modernisation	Non réalisé
3	Kinshasa-Matadi	365	Modernisation	Non réalisé
4	Ilebo – Kinshasa	1015	Construction	Non réalisé
Total		**3213**		
II.	**ROUTES (Construction des routes bitumées)**			
1	Kisindi – Beni – Kamanda – Niania	520	Construction	Non réalisé
2	Komanda – Bunia	7	Construction	Non réalisé
3	Lubumbashi – Kasomeno – Kasenga	207	Construction	En Cours
4	Kasomeno – pweto	336	Construction	Non réalisé
5	Likasi – kolwezi	180	Construction	Réalisé

6	Bukavu – kamanyola	55	Construction	En Cours
7	Bretelle moba	462	Construction	Non réalisé
8	Pweto – Kalemie – Fizi	730	Construction	Non réalisé
9	Fizi– Uvira – Kavinvira	142	Construction	Non réalisé
10	Bukavu – Goma– Beni	590	Construction	Non réalisé
11	Niania –Batwasende – Kisangani	363	Construction	Non réalisé
	Total	**3592**		
III.	**ROUTES (Réhabilitation des routes asphaltées)**			
1	Matadi – Boma	135	Réhabilitation	Réalisé
2	Uvira – Kamanyola	85	Réhabilitation	Non réalisé
3	Moanda – Banana	9	Réhabilitation	Non réalisé
4	Mbuji Mayi – Mwene Ditu	135	Réhabilitation	En Cours
	Total	**364**		
IV.	**ROUTES (Réhabilitation des routes en terre)**			
1	Kamanga – Mbuji Mayi – Kasongo – Kindu	887	Réhabilitation	En Cours
2	Kolwezi – Kasaji – Dilolo	426	Réhabilitation	Non réalisé
3	Dilolo – Sandoa – Kapanga – Kananga	709	Réhabilitation	Non réalisé

4	Kisaji – Sandoa	139	Réhabilitation	Non réalisé
5	Boma – Moanda – Yema	125	Réhabilitation	Non réalisé
6	Niania Isiro	232	Réhabilitation	Non réalisé
Total		**2518**		
V.	**ROUTES (Voiries urbaines)**			
1	Ville de Kinshasa	250	Réhabilitation	En Cours
2	Kisangani – Kananga – Mbuji Mayi – Goma – Matadi – Bandundu – Mbandaka – Kindu	300	Réhabilitation	En Cours
3	Lubumbashi		Réhabilitation	En Cours
4	Bukavu		Réhabilitation	En Cours
5	Kisangani		Réhabilitation	En Cours
6	Kananga		Réhabilitation	En Cours
7	Mbuji – Mayi		Réhabilitation	En Cours
8	Goma		Réhabilitation	En Cours
Total		**550**		En Cours
VI.	**AEROPPORTS**			
1	Réhabilitation de l'aéroport de Goma		Réhabilitation	Non réalisé

2	Réhabilitation de l'aéroport de Bukavu		Réhabilitation	Non réalisé
VII.	**Construction et équipement des hôpitaux**			
1	Dix (10) hôpitaux (150 lits) un par province	10	Construction	Non réalisé
2	Vingt-un(21) hôpitaux (150 lits) un par nouvelle province	21	Construction	Non réalisé
3	Construction 145 centre de santé 50lits (1 par territoire)	145	Construction	Non réalisé
4	Hôpital centre-ville Kinshasa	1	Construction	Réalisé
	Total	**177**		
VIII.	**Energie (Electricité)**			
1	Barrage hydro-électrique de Kalobola (Bandundu)	1	Construction	Non réalisé
2	Barrage hydro-électrique de Kalende (Kasai occidental)	1	Construction	Non réalisé
3	Réseau de distribution de Kinshasa	1	Construction	Non réalisé
4	Réseau de distribution électrique de Lubumbashi	1	Modernisation	Non réalisé
	Total	**4**		
IX.	**Construction et réhabilitation des centres de formation aux métiers BTP (Construction et réhabilitation)**			
X.	**Habitat**			
1	Construction de 2000 logements sociaux à Kinshasa		Construction	Non réalisé
2	Construction de 3000 logements sociaux en Provinces		Construction	Non réalisé
XI.	**Construction de deux (2) Universités modernes (Non réalisé)**			

N°	PROJET	LONGUEUR EN KM	DESCRIPTION DES TRAVAUX	OBSERVATION
I.	**CHEMIN DE FER**			
1	Tenke – Kolwezi – Dilolo	530	Réhabilitation + Modernisation	Non réalisé
2	Sakania – Lubumbashi – Kalemie – Mweneditu – Kananga	1833	Modernisation	Non réalisé
3	Kinshasa-Matadi	365	Modernisation	Non réalisé
4	Ilebo – Kinshasa	1015	Construction	Non réalisé
	Total	**3213**		
II.	**ROUTES (Construction des routes bitumées)**			
1	Kisindi – Beni – Kamanda – Niania	520	Construction	Non réalisé
2	Komanda – Bunia	7	Construction	Non réalisé
3	Lubumbashi – Kasomeno – Kasenga	207	Construction	En Cours
4	Kasomeno – pweto	336	Construction	Non réalisé
5	Likasi – kolwezi	180	Construction	Réalisé
6	Bukavu – kamanyola	55	Construction	En Cours
7	Bretelle moba	462	Construction	Non réalisé
8	Pweto – Kalemie – Fizi	730	Construction	Non réalisé

9	Fizi– Uvira – Kavinvira	142	Construction	Non réalisé
10	Bukavu – Goma– Beni	590	Construction	Non réalisé
11	Niania –Batwasende – Kisangani	363	Construction	Non réalisé
	Total	**3592**		
III.	**ROUTES (Réhabilitation des routes asphaltées)**			
1	Matadi – Boma	135	Réhabilitation	Réalisé
2	Uvira – Kamanyola	85	Réhabilitation	Non réalisé
3	Moanda – Banana	9	Réhabilitation	Non réalisé
4	Mbuji Mayi – Mwene Ditu	135	Réhabilitation	En Cours
	Total	**364**		
IV.	**ROUTES (Réhabilitation des routes en terre)**			
1	Kamanga – Mbuji Mayi – Kasongo – Kindu	887	Réhabilitation	En Cours
2	Kolwezi – Kasaji – Dilolo	426	Réhabilitation	Non réalisé
3	Dilolo – Sandoa – Kapanga – Kananga	709	Réhabilitation	Non réalisé
4	Kisaji – Sandoa	139	Réhabilitation	Non réalisé
5	Boma – Moanda – Yema	125	Réhabilitation	Non réalisé
6	Niania Isiro	232	Réhabilitation	Non réalisé
	Total	**2518**		

V.	**ROUTES (Voiries urbaines)**			
1	Ville de Kinshasa	250	Réhabilitation	En Cours
2	Kisangani – Kananga – Mbuji Mayi – Goma – Matadi – Bandundu – Mbandaka – Kindu		Réhabilitation	En Cours
3	Lubumbashi		Réhabilitation	En Cours
4	Bukavu		Réhabilitation	En Cours
5	Kisangani		Réhabilitation	En Cours
6	Kananga		Réhabilitation	En Cours
7	Mbuji – Mayi	300	Réhabilitation	En Cours
8	Goma		Réhabilitation	En Cours
Total		**550**		En Cours
VI.	**AEROPPORTS**			
1	Réhabilitation de l'aéroport de Goma		Réhabilitation	Non réalisé
2	Réhabilitation de l'aéroport de Bukavu		Réhabilitation	Non réalisé
VII	**Construction et équipement des hôpitaux**			
1	Dix (10) hôpitaux (150 lits) un par province	10	Construction	Non réalisé
2	Vingt-un (21) hôpitaux (150 lits) un par nouvelle province	21	Construction	Non réalisé
3	Construction 145 centre de santé 50lits (1 par territoire)	145	Construction	Non réalisé
4	Hôpital centre-ville Kinshasa	1	Construction	Réalisé
Total		**177**		

VIII.	**Energie (Electricité)**			
1	Barrage hydro-électrique de Kalobola (Bandundu)	1	Construction	Non réalisé
2	Barrage hydro-électrique de Kalende (Kasai occidental)	1	Construction	Non réalisé
3	Réseau de distribution de Kinshasa	1	Construction	Non réalisé
4	Réseau de distribution électrique de Lubumbashi	1	Modernisation	Non réalisé
	Total	**4**		
IX.	**Construction et réhabilitation des centres de formation aux métiers BTP (Construction et réhabilitation)**			
X.	**Habitat**			
1	Construction de 2000 logements sociaux à Kinshasa		Construction	Non réalisé
2	Construction de 3000 logements sociaux en Provinces		Construction	Non réalisé
XI.	**Construction de deux (2) Universités modernes (Non réalisé)**			

Ce tableau présente les différentes infrastructures prévues dans la première tranche dans le cadre de la convention de collaboration libellées dans l'annexe C de la convention.[1] Présentant leur niveau d'exécution, il s'avère que 11 ans après la signature de la convention de collaboration entre la Chine et la République Démocratique du Congo, soit de 2008 à 2019, seulement 6,3% seulement des travaux prévus sont réalisés. 29% des travaux sont en cours de réalisation et 63,8 des travaux non réalisés

b) La durabilité des infrastructures

Des routes construites par les entreprises chinoises seraient en état de délabrement très avancé. Le constat fait par l'Association africaine de défense des droits de l'homme est choquant. L'organisation exige désormais un audit sur les infrastructures réalisées grâce à la convention de collaboration entre le Congo-Kinshasa et le groupement des entreprises chinoises. Jean Claude Katende, le président national de l'Asadho avait même déclaré être très préoccupée par la dégradation rapide des routes et avenues construites ou réhabilitées dans le cadre de cette convention. Kinshasa se meurt comme aussi ses routes. Pourtant, elles ont été construites il n'y a pas longtemps. Dans son rapport publié en 2014 intitulé ''*Mise en œuvre de la convention de collaboration entre la République Démocratique du Congo et le groupement d'entreprises chinoises : Défis de la transparence, de la qualité et du respect des droits humains dans la réalisation du projet de la Sicomines à Kinshasa*'', l'organisation avait déjà mis en cause la qualité et la durée de vie des infrastructures au vu de leur rapide dégradation. Elle avait dénoncé surtout les coûts exagérément élevés ne correspondant pas à la qualité de ces infrastructures. Deux ans après la publication de ce rapport, se désole l'Asadho, les infrastructures réalisées par

[1] Article 9 de la convention de collaboration sino-congolaise.

les entreprises chinoises connaissent une dégradation accélérée. C'est le cas des avenues Sendwe, Lutendele, le Boulevard Triomphal et le Boulevard du 30 juin. ''*Au regard de l'état actuel de ces avenues et des sommes d'argent investies, un audit sérieux s'impose pour savoir ce qui s'est réellement passé*'', avait déploré monsieur Katende. Ainsi, l'Asadho avait recommandé au gouvernement congolais de procéder, sans plus tarder, à un audit sur toutes les infrastructures réalisées par rapport à cette convention, établir les responsabilités des personnes impliquées dans la réalisation défectueuse des infrastructures à Kinshasa, traduire en justice toutes les personnes physiques et morales impliquées dans la réalisation dédites infrastructures, procéder à l'indemnisation des victimes des démolitions méchantes et illégales. Aux autorités chinoises, l'organisation exige l'ouverture d'une enquête sur le comportement des entreprises chinoises chargées de la réalisation des travaux dans la capitale congolaise. Les congolais sont, eux aussi, appelés à faire pression sur le gouvernement Matata pour que les personnes impliquées dans ce sulfureux dossier des routes défectueuses soient traduites en justice. A la création de la *Sicomines*, l'Asadho avait décrié l'inaccessibilité de l'information relative à la réalisation des infrastructures pour les populations riveraines mais surtout le manque de transparence caractérisé par l'absence d'appel d'offre et des critères clairs pour le recrutement des entreprises chargées de l'exécution des travaux d'infrastructures à Kinshasa.[1]

---

[1] « Contrats chinois : l'Asadho exige l'audit des infrastructures » en ligne sur *https://7sur7.cd/index.php/contrats-chinois-lasadho-exige-laudit-des-infrastructures*, consulté le 12 août 2019, à 12 heures 30 minutes.

c. La non prise en compte des routes de desserte agricole

Les projets d'infrastructures ne prennent pas en considération les routes de déserte agricole alors que toutes les provinces de la RDC sont généralement à vocation agricole. L'agriculture comme activité, part de la production à la commercialisation, en passant par des étapes comme le conditionnement, le stockage et l'évacuation. L'exécution de ces étapes nécessite des infrastructures en bon état. Cependant, cette mise en œuvre est confrontée à plusieurs types de contraintes dont la défectuosité de routes de desserte agricole, l'écroulement ainsi que la vétusté des ouvrages de franchissement, des ponts et bacs, le manque d'entretien, la gestion non participative, les maladies des routes (nids de poule, bourbiers, ornières, etc.) et la non-implication des organisations paysannes dans la prise des décisions en la matière.

Il existe plusieurs contrées de la république où des tonnes de produits agricoles des paysans périssent sans être vendus faute des routes pour évacuation. La difficulté d'évacuation des produits agricoles engendre une gamme de problèmes qui résultent en une pauvreté généralisée au sein des populations rurales. L'abandon de l'entretien de ces routes de desserte agricole constitue un goulot d'étranglement pour les paysans. En plus, les produits manufacturés provenant des grands centres urbains, transportés sur la tête par des commerçants ambulants, coûtent trop chers. Etant donné que la majorité des populations rurales vivent essentiellement de l'agriculture, la solution à ces problèmes passe par l'aménagement et l'entretien régulier de routes de desserte agricole. Les changements importants intervenus dans l'environnement national et des provinces nécessitent la révision de la politique nationale en matière de gestion, de réhabilitation et d'entretien des routes de desserte agricole, ponts et bacs.

Échanger des produits vivriers contre des produits manufacturés, tel est le mode de vie imposé aux agriculteurs quand les routes de desserte agricole ne sont plus réhabilitées. C'est un secret de polichinelle. Le délabrement des routes de desserte agricole ne facilite pas, mais alors pas du tout, les échanges commerciaux entre les milieux de production et les centres de consommation. La situation est générale sur l'ensemble du territoire national.

Quelques illustrations

- le territoire de Kabongo dans la province du Katanga : dans un entretien accordé le 22 avril à Radio Okapi[1], l'administrateur du territoire adjoint chargé de l'Économie et Finances, Jean-Marie Yamba, a indiqué que sans routes de déserte agricole, les paysans retournent au troc. Cette situation a poussé les opérateurs économiques et quelques agriculteurs et pêcheurs à recourir depuis cinq mois au troc. Ils échangent des produits vivriers contre des produits manufacturés. C'est le cas, notamment, de l'échange du poisson, du sel ou du sucre contre le savon et, parfois, le vélo ou de la friperie. À la suite du délabrement des routes de desserte agricole, la monnaie circule difficilement. En revanche, la pléthore des produits vivriers subit la mévente. Plus grave, le territoire de Kabongo est enclavé ; il devrait communiquer avec d'autres secteurs et territoires. « Pour que des véhicules arrivent à Kabongo, c'est un grand problème. Il faudra donc réhabiliter les axes Kamina-Kabongo, Kabongo-Kenge vers Kalemie et Kabongo vers

---

[1] « Sans routes de desserte, les paysans retournent au troc », informations disponibles sur internet, *http://business-et-finances.com/sans-routes-de-desserte-les-paysans-retournent-au-troc/*, consulté le 22 août 2019, à 12 heures 30 minutes.

Mbuji-Mayi. Le salut de Kabongo en dépend ».Un manque à gagner et pour la province et pour le consommateur

- Au Nord-Kivu, ce sont les mêmes plaintes. Les agriculteurs du secteur de Nyamilima, en territoire de Rutshuru, déplorent le manque des routes de desserte agricole. Dans une déclaration faite en janvier et répercutée par Radio Okapi, ils ont indiqué que leurs productions, à défaut de pourrir dans les champs, sont directement écoulées vers l'Ouganda où l'évacuation est de plus facile. Statistiquement, la production du maïs a augmenté à Nyamilima depuis que la situation sécuritaire s'est améliorée à Rutshuru. Ce qui est vrai, c'est que l'amélioration de la production ne concerne pas seulement le maïs. Les agriculteurs produisent aussi, en quantité abondante, le haricot, le manioc, le soja, le sorgho et la banane. Quoi qu'il en soit, la problématique de l'évacuation des produits vers des centres de consommation du Nord-Kivu ou d'autres provinces demeure. Pour contourner cet obstacle, les agriculteurs sont parfois obligés de vendre en Ouganda qui propose mieux. Ceci constitue un manque à gagner et pour la province et pour le consommateur urbain local. Le ministre provincial de l'Agriculture. Il faut nécessairement construire ou réhabiliter des routes de desserte agricole mais ces routes ne débouchent que sur des routes d'intérêt national ou provincial. Si la route Ishasha-Kiwanja-Goma est prise en compte, la production agricole du secteur de Nyamilima ne pourrira pas et ça ne profitera pas seulement à l'Ouganda.

- Le cadre de concertation des producteurs agricoles du secteur de Gombe sud, territoire de Mbanza Ngungu, invite le futur gouverneur de la province du Kongo Central à faire de la réhabilitation des routes de desserte agricole sa priorité dès qu'il va entrer en fonction. Ces routes actuellement délabrées rendent difficile l'évacuation des produits agricoles vers les centres de vente. Le porte-parole de ce cadre de concertation, Ibrahim Manzukula l'a dit jeudi 28 décembre 2018 à l'issue d'une réunion extraordinaire de cette structure à Gombe sud. Il cite notamment les routes Kwilungongo/Kibentele et Luvaka. Il y a aussi les routes de Gombe sud et toutes les autres routes vers Kimpangu et les environs. A cela, il ajoute le pont au niveau de la route de Mpioka qui est menacé d'écroulement. Le cadre de concertation des producteurs du secteur Gombe sud affirme qu'à part les difficultés d'évacuation des marchandises, plusieurs villageois situés dans ce secteur n'ont plus accès aux biens de première nécessité. A ce jour, plusieurs produits agricoles traînent dans les entrepôts et dans les champs faute des véhicules qui n'arrivent plus dans les coins reculés du Kongo Central. Cette structure invite le prochain gouverneur du Kongo Central à inscrire la réhabilitation de ces routes de desserte agricole, non seulement du territoire de Mbanza Ngungu mais de l'ensemble de la province, comme priorité dans son programme de gouvernance. Ce mauvais état des routes de desserte agricole favorise l'appauvrissement des paysans qui n'arrivent pas à vendre les produits de leurs champs, selon Ibrahim Manzukula du cadre de concertation des producteurs de Gombe sud.[1]

- La province du Haut-Lomami est confrontée à plusieurs difficultés d'ordre économique : elle ne compte aucune entreprise étrangère, les nationaux, qui y investissent, ont de faibles capitaux. Conséquence, il n'y a pas d'emploi pour la jeunesse et la province connaît un exode de sa main d'œuvre. Le Haut-Lomami ne dispose pas

---

[1] « Les producteurs de Mbanza Ngungu demandent au futur gouverneur de prioriser les routes de desserte agricole », disponible en ligne sur internet, *https://www.radiookapi.net/2019/03/29/actualite/societe/les-producteurs-de-mbanza-ngungu-demandent-au-futur-gouverneur-de,* consulté le 12 août 2019 à 13 heures.

de grande entreprise, capable de résorber le chômage. Les étudiants, qui décrochent leurs diplômes à l'Université de Kamina et qui sont en quête d'emploi, sont obligés de se rendre dans d'autres provinces du pays. Ce qui favorise la fuite des cerveaux. Les routes de dessertes agricoles sont inaccessibles et les lacs et rivières inexploités à grande échelle. Autres défis qui paralysent l'économie locale, ce sont le manque de routes urbaines, la vétusté des ponts ainsi que l'absence d'investisseurs étrangers. Au regard de ce tableau sombre, le gouverneur du Haut-Lomami, Jakson Kalenga Mwenezi, appelle les hommes d'affaires à venir investir dans sa province.Celle-ci offre plusieurs opportunités économiques qui ne sont malheureusement pas exploitées. Selon Kalenga Mwenzemi affirme, 90% de la superficie du Haut-Lomami sont constitués des terres arables.Cette province à « grande vocation agricole », a-t-il estimé, peut à elle seule nourrir le Grand Katanga et une bonne partie de la République démocratique du Congo. Le Haut Lomami a aussi une vocation minière. On y trouve d'importants gisements miniers de cuivre et du cobalt. A côté de tout ceci, a poursuivi la même source, se trouvent aussi des lacs et rivières très poissonneux.

- Les habitants des chefferies de Wagongo et Mokambo en territoire de Mahagi plaident pour la réhabilitation urgente de la route Mahagi-Port Mokambo, longue d'environ 100 kilomètres. Dans un memo signé par 5 000 personnes, ils demandent au gouvernement de désenclaver leur région.D'après des sources locales, cet axe routier s'est dégradé depuis 1996. Faute de routes de desserte agricole en bon état, les producteurs locaux préfèrent évacuer leurs productions, notamment les poissons, vers l'Ouganda plutôt que vers les autres territoires de leur province.Parlant de ces producteurs, un habitant affirme qu'ils «*dépendent actuellement de l'Ouganda*». A en croire la même source, les productions locales de Wangongo et Mokambo n'arrivent à Mahagi-port et à Kisangani que par moto. Ce qui ne permet pas de transporter de grandes quantités de marchandises.

Dans les lignes qui suivent, nous analysons d'autres faiblesses des axes du contrat sino-congolais.

III.3. Autres faiblesses des axes du contrat sino-congolais

a) L'absence du transfert de technologie

La coopération sino-congolaise n'induit pas un transfert de technologie en faveur de la RDC, et ce pour deux raisons.

D'un côté, les disparités culturelles entre la Chine et la RDC se caractérisant par la langue, rendent difficile la communication, canal par lequel se fait le transfert de technologie. Aussi, il faut relever la difficulté d'assimiler la langue chinoise, n'utilisant pas les mêmes caractères graphologiques que le français de la RDC.

De l'autre côté, il est à noter le manque de volonté de la part des chinois d'assurer un transfert de technologie en faveur des congolais. Et pourtant l'article 51 du contrat stipule que « *le consortium s'engage à ce que SICOMINES SARL mette en œuvre une politique de transfert de technologie, relativement à l'extraction minière, les techniques modernes de management et le traitement métallurgiques.* »[1]Les chinois ont la manie de tenir en secret leur savoir-faire. Cette manie chinoise de cacher son savoir-faire contredit les discours des dirigeants chinois prônant un partenariat sincère, aussi et surtout, nuit à la RDC qui en réalité ne profite pas de la suprématie technologique de son partenaire. S'il est vrai que la force des nations et des empires vient de la combinaison des

[1] Article 51 de la convention de collaboration sino-congolaise.

créations endogènes et exogènes[1], il est d'autant plus vrai que la RDC ne peut compter que sur les savoirs endogènes, étant donné qu'il n'y a pas de pays ayant forgé sa puissance rien que sur son génie intrinsèque.

b) Calcul économique et développement congolais

Il y a toujours eu un défaut chez les dirigeants congolais. C'est l'absence du calcul économique dans leurs décisions concernant le développement économique et social du pays.

Ils privilégient souvent des considérations juridiques sans se soucier de la rationalité économique. Il ne faut pas croire qu'un accord conclu en bonne et due forme garantit forcément vos intérêts. C'est le cas du contrat léonin entre la Chine et le Congo. Méfiez-vous des gens qui viennent en agneaux mais qui ne sont que de vrais loups en soi, dit la Bible.

Faisons le calcul économique qui aurait pu être fait avant la conclusion de ce contrat. Ce contrat matières premières contre infrastructures, la chine a exigé être payée en nature pour 10 millions de tonnes de cuivre. La microéconomie enseigne que le budget nécessaire à l'acquisition d'un produit est égal au prix du bien multiplié par la quantité nécessaire de ce bien. Ainsi: R est égal P multiplié par Q. Autrement dit R=PXQ

Le prix moyen de la tonne du cuivre était de 6500 $ lors de la signature du Contrat. Ce qui signifie que le budget que la Chine devait réserver pour l'acquisition de cette quantité est de 6500$ par 10 millions t, soit 65 milliards de dollars. En réalisant des travaux publics au Congo pour 10 milliards, la Chine réaliserait un gain budgétaire de 55 milliards de $. C'est de la pure folie économique. Une telle escroquerie n'a jamais été faite dans l'histoire du monde.

---

[1] Kabou, A., *Et si l'Afrique refusait le développement*, Paris, L' Harmattan, 1994, p.178.

Par ailleurs, les possibilités annuelles maximales d'extraction du cuivre étant de 500.000t, l'octroi de 10 millions t à la Chine ne pourra se faire que sur 20 ans. D'où un mandat présidentiel engage les ressources de 3 autres mandats présidentiels à venir. Avec quel argent ces Présidents vont-ils travailler? D'où l'irréalisme et la folie de ce contrat en termes de durée et de chiffrage (valorisation) budgétaire.

Cela étant, le Congo doit se ressaisir: soit on renégocie le contrat soit on le résilie. En le renégociant, il y a deux alternatives: 1) La Chine revoit ses prétentions à la baisse ; plus ou moins 13 milliards (financement des infrastructures plus frais d'extraction), ce qui équivaut à 2 millions de t de cuivre 2) La Chine se fait livrer les 10 millions et va construire pour 50 milliards de dollars d'infrastructures et 15 milliards réservés aux frais d'extraction, soit un programme de construction sur 20 ans.

Voilà la seule façon de garantir la sauvegarde des intérêts congolais au risque de connaître un contentieux sino-congolais.[1]

c) La faible compétitivité de l'économie congolaise

L'insuffisance du revenu national est à la fois la cause et la conséquence de la faible compétitivité de l'économie congolaise, et ses caractéristiques sont : le chômage et sous-emploi chroniques ; l'accroissement démographique accéléré ; les déficiences dans l'infrastructure et les insuffisances dans l'industrialisation ; l'épargne et l'investissement limités et la faible accumulation du capital ; les ressources naturelles inexploitées, une forte dépendance de l'étranger, un faible revenu et un très bas niveau de vie

---

[1]Ibanda Kabaka, P., « La Chine en RD Congo: relecture du contrat infrastructures contre minerais », in *HAL*, disponible en ligne sur *archives-ouvertes.fr*, consulté le 16 août 2019, à 8 heures 10 minutes.

etc. ; cette faible compétitivité de l'économie de la RDC a réduit sensiblement sa capacité à peser sur les relations internationales. Bien plus, les facteurs négatifs ci-haut énumérés engendrent des distorsions et des déséquilibres qui, aggravés par la dépendance économique vis-à-vis de l'étranger, aboutissent au « cercle vicieux de la pauvreté », caractéristique du sous-développement.

Que la RDC soit un pays économiquement faible n'est plus à démontrer. Force est de constater qu'après un demi-siècle d'indépendance, la RDC se situe encore dans une économie de rente exclusivement tournée vers l'exportation de ses matières premières n'ayant subi aucune transformation, donc sans réelle valeur ajoutée. La RDC ne semble pas vouloir s'engager sur la voie du développement parce qu'elle ne produit pas assez.

De la coopération sino-congolaise naissent des intérêts réciproques. Il serait donc illusoire de penser que le principal objectif de la Chine est de reconstruire la RDC.

Pour que la coopération sino-congolaise soit profitable à l'appareil économique de la RDC, elle doit nécessairement s'accompagner d'un véritable transfert de technologie. Ce qui n'est pas le cas, du moins pour le moment.

d) Une diplomatie amorale de la part de la Chine

Faisons remarquer que, la morale en relations internationales est liée à la « théorie de la défaillance de l'Etat ». En effet, cette théorie, miroir de l'expression « défaillance du marché » s'entend de l'échec dans l'allocation optimale des ressources économiques, des biens et services, et repose sur deux types d'arguments : les imperfections du marché d'un côté et l'existence des externalités de l'autre côté.

Premièrement, les imperfections du marché constituent tout simplement les imperfections de l'action humaine, étant basée sur l'apprentissage et la découverte, elle est toujours perfectible, ce qui résume l'adage populaire « l'erreur est humaine ». Ainsi, les imperfections qui frappent les décisions décentralisées des agents économiques vont aussi caractériser les décisions décentralisées des organisations planifiées comme l'Etat et ses administrations.

Deuxièmement, l'invocation des « externalités » frise l'escroquerie intellectuelle dans les sociétés humaines, tout est pratiquement générateur d'externalités, c'est-à-dire les résultats des actions d'un agent ayant des répercussions positives ou négatives sur autrui. Ce faisant, il faut être conscient que l'existence d'externalités est liée à l'exploitation du marché, la compétition étant par exemple une externalité positive issue de la division du travail.

Partant de ce qui précède, il n'est donc pas surprenant de remarquer qu'au-delà de cet apport macro-économique de la Chine à la RDC, les investisseurs chinois font l'objet de plusieurs critiques sur le terrain, au niveau local où l'on devrait mieux évaluer l'apport réel des partenaires étrangers. Les chinois sont reprochés du fait qu'ils semblent ne pas respecter les règles de la législation du travail ; ils engagent des mineurs pour des travaux inlassables.[1]

Après avoir interrogé des ouvriers, des responsables gouvernementaux et des délégués syndicaux, l'organisation congolaise ASADHO (Association africaine de défense des droits de l'homme) a émis des critiques à propos des opérations de construction de routes de la China Railway Engineering Corporation (CREC) à Kinshasa, dénonçant entre autres l'absence de contrats écrits, des salaires versés à un taux de change inférieur au taux officiel et l'absence de syndicats au sein de la CREC. Selon un militant des droits de l'homme du Katanga, les inspecteurs gouvernementaux

[1] Ngoie Tshibambe, Art.Cit., pp.617-618.

ne se sentent pas libres de surveiller correctement les travaux de la CREC, craignant qu'on les accuse de s'opposer aux « Cinq chantiers ». Aucune mention n'est faite sur les études de l'impact environnemental et social que ce soit pour le volet minier ou le volet infrastructures de la convention – alors que ces évaluations sont devenues la norme dans les contrats d'investissement. Si aucune évaluation de l'impact environnemental et social n'était prévue, le Congo manquerait à ses propres obligations nationales et internationales.[1]

Bien plus, lorsqu'on fait la chasse aux étrangers en situation irrégulière, on ramasse des illégaux et des clandestins originaires de la Chine. Toujours dans la chronique des entrées des clandestins en RDC, l'on se rappellera que les premiers clandestins étrangers tombés dans les filets de la Direction Générale des Migration (DGM) au Katanga sont des chinois.

Par ailleurs, ils concourent non pas à l'assainissement du secteur minier en général, mais au contraire, ils introduisent des pratiques illicites comme l'utilisation des prête-noms, arrangement qu'ils font avec des congolais, en travaillant comme des négociants de manière à acheter des minerais bruts qu'ils s'arrangent pour exporter vers leurs usines en Zambie. Ils contribuent, par leurs pratiques, à faire disparaître les limites du formel et de l'informel.

Si la Chine monte aujourd'hui en puissance, au point de faire peur aux grands de ce monde, il est cependant illusoire de croire qu'elle ne fasse que du bien, compte tenu du fait de l'existence des volontés contradictoires en relations internationales. La coopération sino-congolaise est encore fragilisée par le fait de cette « coopération asymétrique ».

---

[1] Rapport de Global Witness sur la République démocratique du Congo, mars 2011.

e) Une coopération asymétrique entre la Chine et la RDC

Une coopération asymétrique est celle qui engage deux ou plusieurs partenaires (Etats) ayant des niveaux de développement différents, en vue de collaborer pour la réalisation des objectifs d'intérêts communs.

Dans l'interface de la coopération sino-congolaise se situent deux Etats théoriquement du « Sud ». D'un côté, la Chine qui se trouve être un géant voulant donner l'image d'une puissance pacifique et responsable, disposant d'une place de membre permanent au Conseil de Sécurité de l'ONU[1]. De l'autre côté, la RDC présentant encore des faiblesses économiques, politiques et culturelles intrinsèques qui écornent sa chance de relever le défi de sa reconstruction.

Il ressort à nos yeux que la coopération sino-congolaise est une forme de néo- colonialisme. A ce point de vue, ce n'est pas la faute de la Chine, mais celle de la RDC qui ne doit pas placer tout son espoir dans la coopération avec la Chine, car dans sa marche vers la croissance économique, la Chine se comporte quelque peu comme les puissances occidentales qui, dans la transition économique qu'elles ont connu aux 19ème et 20ème siècles se sont mises à coloniser certains territoires pour faire face aux exigences économiques de la croissance. Cependant, si jadis pour contrôler un Etat « faible », il fallait l'occuper physiquement, actuellement la donne géopolitique et géoéconomique a changé, il suffit d'injecter beaucoup de capitaux dans un Etat faible pour le contrôler. Si la Chine ne colonise pas la RDC, ce qu'elle fait n'en est pas loin. Comprenne qui pourra.

---

[1] Marchesin, P., *Introduction aux relations internationales,* Paris, Ed. Karthala, 2008, p.162.

f) Le non-respect de la législation congolaise et les préoccupations environnementales

Les chinois sont reprochés du fait qu'ils semblent ne pas respecter les règles de la législation du travail ; ils engagent des mineurs pour des travaux inlassables.

Après avoir interrogé des ouvriers, des responsables gouvernementaux et des délégués syndicaux, l'organisation congolaise ASADHO (Association africaine de défense des droits de l'homme) a émis des critiques à propos des opérations de construction de routes de la China Railway Engineering Corporation (CREC) à Kinshasa, dénonçant entre autres l'absence de contrats écrits, des salaires versés à un taux de change inférieur au taux officiel et l'absence de syndicats au sein de la CREC. Selon un militant des droits de l'homme du Katanga, les inspecteurs gouvernementaux ne se sentent pas libres de surveiller correctement les travaux de la CREC, craignant qu'on les accuse de s'opposer aux « Cinq chantiers ». Aucune mention n'est faite sur les études de l'impact environnemental et social que ce soit pour le volet minier ou le volet infrastructures de la convention – alors que ces évaluations sont devenues la norme dans les contrats d'investissement. Si aucune évaluation de l'impact environnemental et social n'était prévue, le Congo manquerait à ses propres obligations nationales et internationales.[1]

Conclusion partielle du deuxième chapitre

Comme nous l'avons évoqué dans les précédentes lignes, la coopération sino-congolaise suscite à la fois espoir et controverses. Mais, des deux appréciations, les dirigeants de la RDC semblent s'être prononcés pour la première, en avançant que la Chine, qui est très attachée au principe de

[1] Rapport de Global Witness sur la République démocratique du Congo, mars 2011.

l'égalité en droit des Etats et au respect de la souveraineté, ne passe pas par des moyens de nature à fragiliser son partenaire (menace de suspension de financement, de déstabilisation de régime, pressions diverses etc.) pour obtenir des marchés. Mais du point de vue économique et commercial, les faiblesses de la coopération sino-congolaise résident essentiellement sur la faible compétitivité de l'économie congolaise ; à cela s'ajoute l'absence de transfert de technologie chinoise à la RDC.

CHAPITRE 3

PERSPECTIVES DU CONTRAT MINIER SINO-CONGOLAIS SUR LE DEVELOPPEMENT SOCIO-ECONOMIQUE DE LA RDC

Pour que les contrats sino-congolais impact de manière significative le développement socio-économique de la République démocratique du Congo, il faut consolider l'Etat de droit, prioriser la construction des routes de desserte agricole et enfin construire des pars agro-alimentaires.

I. Consolidation de l'Etat de droit en RDC

La consolidation d'un Etat de droit passe par la promotion de la bonne gouvernance et du respect de droit de l'homme. La RDC doit aussi être capable de s'imposer et de s'assumer comme un Etat souverain.

1. La promotion de la bonne gouvernance et de droit de l'homme

a) Promotion de la bonne gouvernance

Lors qu'évoquons la « bonne gouvernance » nous faisons allusions à de bonnes politiques, un cadre réglementaire offrant un environnement favorable à la croissance, la fourniture de services publics efficaces qui contribuent à réduire la pauvreté. Cette approche du développement qui place au centre des politiques, la qualité des institutions est aujourd'hui dominante. Elle oriente la majorité des programmes d'aide des organisations internationales, et au premier chef ceux de la Banque mondiale, comme ceux des pays de l'OCDE. Les travaux empiriques sur l'efficacité des « bonnes » institutions sont nombreux. Sur la base de la recension de plusieurs études, l'on constate une forte corrélation positive entre la qualité des institutions économiques et la croissance, et l'on souligne, avec précaution, la modeste influence des institutions politiques. Sur la base de mesures empiriques, on estime, qu'un pays qui porte sa gouvernance économique d'un niveau relativement bas à un niveau moyen pourrait quasiment tripler son revenu par habitant sur le long terme, et réduire significativement la mortalité infantile et l'analphabétisme.[1]

Confrontée à la réalité d'un État en situation de fragilité sociale et politique, la bonne gouvernance se heurte pourtant à de profondes difficultés. Le cas congolais (RDC) présente à cet égard une situation extrême de résistance aux réformes.

En effet, il sied de faire remarquer le rôle décisif de l'homme dans la gestion et l'efficacité de celle-ci dépendait directement de la qualité du travail de gestion et des actions du gestionnaire.[2]Le problème de la RDC est un problème d'hommes et non de style d'organisation. Il faut d'urgence former les hommes aux techniques d'organisation et de gestion des structures administratives de l'Etat, capables de concevoir les plans d'actions de leurs services conformément aux aspirations de la population et à la promotion de l'Etat de droit.

En effet, quelle que soit l'importance de l'aide chinoise, elle ne pourra être utile que si elle est bien gérée, dans l'intérêt de tous.

La RDC est souvent indexée par la communauté internationale à cause de la mal gouvernance et l'absence de transparence dans la gestion des affaires publiques. Ceci

---

[1]Jacquemot, P., « La résistance à la « bonne gouvernance » dans un État africain », *Afrique contemporaine*, n°227, Mars 2008, pp.23-52.
[2] Mupinganayi, K., *Les défis de la nouvelle RDC*, Kinshasa, Ed. FCK, 2003, p.27.

explique la présence et les interventions fréquentes des pays occidentaux en RDC, voire dans ses affaires intérieures.

En effet, les *Indicateurs de Gouvernance,* publiés par la Banque mondiale sur la base de six critères (responsabilité citoyenne, stabilité politique, efficacité des pouvoirs publics, qualité de la réglementation, État de droit, maîtrise de la corruption), place la R.D. Congo en dernière position en Afrique (avec le Soudan et la Guinée équatoriale).

L'échelle des pratiques prédatrices, de celles qui relèvent du quotidien à celles qui appartiennent à l'économie du conflit, en passant par la soustraction de biens publics, est très large.

Tableau 8. L'échelle de gravité des pratiques prédatrices

N°	Type des pratiques prédatrices	Nature de l'échange
1.	Gratification, Matabichi, Madesu ya bana, Motivation, Pot-de-vin,	Transaction sans vol, spontanée mais accélérée, pour un service illicite
2.	Passe-droit, bonus incitatif, combine, commission, forfaiture	Transaction sans vol, négociée illégalement pour un service non licitement dû.
3.	Faveur, Patronage, subornation, concussion, népotisme	Transaction spontanée mais accélérée pour un service non licitement du
4.	Rétribution indue, péculat, grivèlerie, arnaque, prise illégale d'intérêt	Abus d'autorité, appropriation d'un bien d'autrui en usant les moyens frauduleux
5.	Tromperie, falsification, trucage, dol, escroquerie, usurpation de fonction	Trafic d'influence, manœuvre frauduleuse destinée à tromper une personne
6.	Coupage journalistique, achat de vote, fraude électorale, achat de conscience, tripotage	Transaction négociée pour occuper une position politique ou sociale indue
7.	Gratte, ceuillette, extorsion, tribut, spoliation, racket	Appropriation privatisée des biens par l'utilisation de la force publique
8.	Perruque, flibuste, escroquerie, soustraction des biens, détournement	Abus des biens sociaux, utilisation ou vol définitif d'un bien public
9.	Brigandage, rapine, exaction, razzia, pillage	Vol avec recours à la violence physique et à main armée[1]

[1] Jacquemot, P., Art.cit., pp.23-52.

Le Gouvernement, les partenaires en développement et toutes les bonnes volontés préoccupées par la gestion efficace et efficiente de l'Etat et du patrimoine national sont ici priés à collaborer en vue d'instituer la culture de la bonne gouvernance en RDC, culture sans laquelle l'avenir de son peuple et de sa nation restera sombre sur tous les plans. Bien plus, il faut que la promotion de la bonne gouvernance s'accompagne de celle des droits de l'homme.

b) La promotion des droits de l'homme

S'il est vrai que tous les peuples aspirent à la liberté et au respect de leurs droits, il est d'autant plus vrai que l'objectif de tout gouvernement est de créer les conditions nécessaires au plein épanouissement de la population. Par conséquent, tout système de gouvernement qui se démarque de cette vérité est inique et condamnable. « L'homme est né libre ; et partout il est dans les fers. Tel se croit maître des autres, qui ne laisse pas d'être plus esclave qu'eux », disait Jean Jacques Rousseau dans son « Contrat Social ». Dans les études sur les droits de l'homme en RDC, il se dégage un constat : les droits de l'homme sont systématiquement bafoués dans l'ensemble du territoire de ce pays.

Depuis des années, la situation des droits de l'homme est au plus bas, et suscite des inquiétudes, s'agissant des droits humains fondamentaux, des droits reconnus à certains groupes sociaux (enfants, femmes, refugiés...) etc.

A l'heure actuelle, le système de défense et de promotion des droits de l'homme qui émerge en RDC se présente dans toute son ambigüité. Alors qu'il se construit progressivement en se dotant chaque jour qui passe de plus en plus d'acteurs (service publics, associations) et de moyens d'actions, ce système formellement défenseur et promoteur des droits de l'homme coexiste avec des violations graves de ces droits. Lesquelles violations sont considérables et peuvent être réparties de la manière suivante : les violations politiques classiques (arrestations arbitraires, détentions dans des conditions inhumaines...) ; les violations dues aux conflits intergroupes (de type ethnique, régional...) ; les violations dues à la justice « inégalitaire », à la justice qui se laisse corrompre et corrompt, à la justice liée, bref à la justice détournée ; les atteintes aux aspirations légitimes des masses laborieuses (en matière d'emploi, de salaire, de syndicalisme...) et des masses populaires (en matière de développement économique et social).

Cela dit, il faut dépasser l'hiatus actuel entre le discours sur les droits de l'homme et le contexte social de ces droits, il est nécessaire d'exercer une attitude critique poussée et une vigilance épistémologique accrue sur les pratiques relatives à la défense et à la promotion des droits de l'homme. Ainsi, la RDC ne suscitera plus de critiques de la communauté internationale qui, du coup, n'aura plus de motif pour intervenir dans ses affaires.

I.2. La renégociation ou la résiliation du contrat chinois : une solution ?

Le principe sacro-saint en droit des contrats, qui se traduit par l'adage pacta sunt servanda, postule que « les conventions légalement formées tiennent lieu de loi à ceux qui les ont faites ». Si en général ce principe ne pose pas de problème lorsque les deux parties sont des personnes privées, cela n'est pas le cas lorsqu'on a en face de soi comme cocontractant l'Etat. Les difficultés rencontrées dans l'exécution des contrats d'Etat proviennent essentiellement du fait que même en s'engageant dans le commerce, l'Etat ne perd pas de facto les prérogatives liées à sa souveraineté. En tant qu'entité souveraine, l'Etat peut être emmené à poser des actes incompatibles avec ses engagements souscrits dans un contrat. Ces actes se traduisent généralement par des mesures prises au nom de l'

« intérêt général », telles que par exemple les modifications législatives, la dépréciation monétaire, l'expropriation pour cause d'utilité publique etc.[1]

Les contrats d'investissements étrangers, surtout lorsqu'ils touchent à l'exploitation des ressources naturelles, sont très vulnérables. Ceci s'explique généralement par le fait qu'ils sont appelés à s'exécuter sur une période plus ou moins longue et que par conséquent, ils sont susceptibles de subir une influence provenant des facteurs politiques ou économiques qui n'existaient pas au moment de la conclusion du contrat.

D'un point de vue terminologique, le concept de révision souvent utilisé pour identifier toute modification contractuelle ne fait pas encore l'unanimité. Comme on peut aisément le constater, cette notion coexiste souvent avec des notions similaires comme celles de « modification, variation, adaptation, renégociation…».

Renégocier un contrat d'Etat de manière à trouver une solution concertée est la meilleure approche en matière de révision contractuelle pour la simple et bonne raison que cela évite aux parties des longs procès. Seulement, il reste que toutes les fois que l'Etat exerce sa souveraineté en révisant ou résiliant de manière unilatérale des contrats d'investissements étrangers, il n'engage pas sa responsabilité internationale au sens du droit international public, il n'encoure qu'une responsabilité civile qui généralement se traduit par l'octroi d'une indemnisation à l'investisseur étranger.

---

[1] Kabange Nkongolo, C., « La révision par l'Etat des contrats conclus avec les personnes privées : cas des contrats miniers en RD Congo », disponible en ligne sur *http://www.llm/UniversityofSouth,* consulté le 22 octobre 2019, à 22 heures 39 minutes.

Néanmoins, l'Etat devrait éviter de se comporter comme un partenaire commercial arrogant, faisant usage de ses prérogatives de souveraineté pour s'adonner à des modifications unilatérales. Il doit demeurer conscient du fait que de nos jours la croissance des investissements étrangers restent la clef de voûte du développent économique. Il devrait donc accorder toute la sécurité juridique possible aux investisseurs étrangers, toute en veillant à ce que les contrats conclus avec ces derniers maintiennent un équilibre financier durant toute leur période d'exécution, cela au grand bénéfice de la population. Quant à l'investisseur étranger, en concluant un contrat avec l'Etat, il doit être conscient des privilèges dont jouit ce dernier et veiller à ce que les clauses contractuelles soient modelées de manière à lui offrir la plus grande sécurité juridique. Dans ce contexte, l'inclusion d'une clause de renégociation sera toujours un atout majeur aussi bien pour l'investisseur que l'Etat, qui tous les deux représentent des intérêts bien souvent opposés.[1]

Vue qu'il y a très peu d'informations sur les aspects financiers fondamentaux de l'accord et surtout qu'on ignore tout du prix de vente des minerais et peu d'éléments ont été divulgués sur les infrastructures appelées à être construites et à quel coût, il est également difficile de savoir comment sera calculé le « taux interne de rentabilité » de 19 %[2] qui a été promis, les questions relatives à la protection sociale et environnementale ne sont aucunement prises en compte, la solution de sagesse serait donc pour l'Etat congolais d'analyser qu'elle est la marge de manœuvre dont il dispose dans le contrat et, voir comment orienter la renégociation. Cela permettra d'avoir les précisions sur les aspects les plus cruciaux de l'accord dont le mode de tarification des

[1] Kabange Nkongolo, C., Art.Cit., p.13.
[2] Lire à ce sujet l'article 6 du contrat sino-congolais.

minerais ; les infrastructures appelées à être construites et leur coût ; la méthode de calcul des bénéfices et le régime fiscal auquel ceux-ci seront soumis. En l'absence de ces informations clés, il est difficile de prévoir les répercussions probables de l'accord. En outre, les entreprises d'État chinoises se trouvent clairement face à un conflit d'intérêts potentiel étant donné que l'État chinois sera probablement à la fois acheteur et principal vendeur des minerais. Ainsi, tandis qu'il serait dans l'intérêt du Congo de vendre les minerais à Un prix maximal, l'État chinois aurait avantage à les acheter au prix le plus bas possible

Il est également nécessaire pour la RDC de s'imposer et s'assumer comme un Etat indépendant et souverain.

I.3. La nécessité pour la RDC de s'imposer en tant qu'Etat souverain

a. Pour faire respecter la loi nationale et les conventions internationales

Les entreprises doivent au minimum obéir aux lois et régulations des pays dans lesquels elles opèrent et les entreprises chinoises ne font pas exception. Cette obligation est prescrite dans l'article 1 du Code du Travail congolais et elle est aussi explicitement reconnue par les autorités chinoises les plus hautes. Le Ministère du Commerce chinois à Pékin a affirmé que les entreprises chinoises en RDC devaient observer les lois et régulations du travail locales et remplir leurs obligations et responsabilités sociales.[1]

Il existe plusieurs standards internationaux pertinents que les entreprises minières chinoises devraient suivre et appliquer. Les gouvernements de la Chine et de la RDC ont ratifié un certain nombre de principes internationaux des

---

[1] Clark, S., Smith, M., and Wild, F., 'China in Africa: Young Workers, Deadly Mines', Bloomberg Markets, September 2008.

droits humains tels que le Pacte international relatif aux droits économiques, sociaux et culturels et la Convention sur les droits de l'enfant. Ces prescriptions devraient donc être respectées par toutes les entreprises opérant au Katanga. Les deux gouvernements ont aussi ratifié plusieurs des principes clés de l'Organisation Internationale du Travail (OIT), par exemple : les Conventions 100 et 111 sur l'élimination de la discrimination au travail et la Convention 138 sur l'élimination du travail des enfants, et la Convention 182 sur l'élimination des pires formes de travail des enfants.

Dans un premier temps, le partenaire chinois a été souvent considéré en RD Congo comme une source « providentielle » de financements importants, rapidement débloqués, et lié au sacro-saint principe de non-ingérence qui fonde l'actuelle stratégie chinoise d'approvisionnement en ressources naturelles. Cela signifie qu'aucune condition n'accompagne la négociation des contrats d'exploitation, car la Chine se refuse à prendre en considération des éléments de politique intérieure de ses partenaires : ni la bonne gouvernance, ni le respect des droits de l'homme, ni la protection de l'environnement… conditions qui rendent si lourds et lents la coopération et le déblocage des investissements des pays occidentaux.

En ce qui concerne les infrastructures promises en échange des ressources qu'ils exploitent, les chinois travaillent vite et les populations aux alentours des sites concernés bénéficient effectivement de routes (destinées avant tout à la circulation de la production et à son acheminement en dehors du pays) et d'une série d'autres implantations (lors de mission en RD Congo, Justice et Paix a pu constater avec les habitants de ces endroits à forte implantation chinoise, que les infrastructures construites n'ont pas été pensées en termes de durabilité).[1]

Avec l'expérience, des critiques ont commencé à fuser, mettant en évidence les aspects négatifs de ce nouveau type de partenariat. Le GAERN a été une des associations qui a analysé le respect des lois, des principes et des normes de la politique d'investissement chinoise dans le secteur extractif au Congo.

A titre d'exemple, ces nouvelles activités sont peu créatrices d'emploi pour les populations locales. Les contremaîtres chinois préfèrent importer leur main-d'œuvre, bon marché et efficace, travailleuse et habituée à ce genre de chantier, ce qui leur permet aussi de passer outre de la difficulté de la langue et la barrière culturelle. Les quelques congolais employés sur les sites chinois reçoivent de faibles salaires et n'ont pas accès à une représentation syndicale.

En matière d'environnement, les entreprises chinoises ne s'encombrent pas d'études d'impact environnemental, ni de plan d'atténuation des impacts en fin d'exploitation des sites, ce qui est pourtant clairement prévu dans le code minier.

La Chine n'est partie prenante à aucune des initiatives qui œuvrent en faveur de la transparence en ce qui concerne la gestion des revenus des industries extractives, comme l'ITIE par exemple. D'aucuns affirment que les taxes ne seraient pas toujours payées selon les prescriptions de la loi.

Il sied de mettre donc en balance les bénéfices visibles à court terme de l'arrivée des entreprises chinoises sur le sol congolais avec les risques que leur attitude sur place fait

---

[1] Lire à ce sujet l'analyse de la commission Justice et Paix sur les investissements chinois en RDC : oui pas à n'importe quel prix, disponible en ligne sur *www.justicetpaix.org* , consulté le 28 juin 2019, à 21 heures 26 minutes.

peser sur la stabilité socio-économique des régions où elles s'implantent. Voyant que la plus grande part du profit tend à échapper à l'État et au peuple congolais, certains groupes de mécontents se forment et parfois s'arment.

En effet, cette situation engendre différends problèmes :

✓ Les entreprises chinoises ont peu, voire, aucune connaissance non seulement du droit international du travail mais aussi du droit congolais ; notamment, elles ne connaissent pas le Code du Travail ni le Code Minier

✓ Les entreprises chinoises ne respectent pas les standards environnementaux

✓ Les accidents dans les usines chinoises de traitement sont fréquents à cause du manque d'équipement de protection, de formation des employés, et de procédure de sécurité

✓ Les travailleurs gravement blessés suite à des accidents du travail ne reçoivent aucun suivi médical adéquat ; les frais compensatoires sont souvent pauvres voire même inexistants

✓ Les minerais achetés par ou vendus aux dépôts d'achatsont minés illégalement et viennent souvent de l'exploitation des enfants au travail ; des enfants de pas plus de dix ans chargent les sacs dans les dépôts

✓ Les travailleurs sont exposés à la poussière nocive des minerais qu'ils manipulent, tels que des minerais radioactifs ; ils ne reçoivent pas de masque pour le nez ou autre vêtement de protection ; il n'y a pas de douche pour se rafraichir après de heures passées près d'un four

✓ Les ouvriers travaillent de longues heures, sont traités arbitrairement et risquent d'être licenciés pour des offenses triviales (tel que arriver au travail en retard de quelques minutes) ou sur de fausses accusations

✓ Les gardes de sécurité chinois ou congolais attaquent les travailleurs et les coups sont fréquents. Dans certains cas les travailleurs ont été gravement blessés

✓ La plupart des travailleurs sont employés temporairement et les entreprises ne payent pas leur assurance. Les travailleurs sous contrat se plaignent que leurs contrats sont écrits en chinois et ne sont pas traduits

✓ Les travailleurs congolais sont discriminés ; ils sont délégués aux petits travaux et aucune opportunité de progresser ou de se former ne leur est proposée. Ils ne sont pas au même niveau de salaire que leurs collègues chinois

✓ Les travailleurs ne sont pas traités avec respect et sont considérés comme des objets jetables

✓ Les plaintes des travailleurs ne sont pas prises au sérieux et souvent conduisent au licenciement

✓ La corruption et l'inefficacité paralysent le travail de la police congolaise, des inspecteurs du travail et des tribunaux. Les travailleurs n'ont aucun recours

✓ Les entreprises chinoises et employées chinois semblent être au-dessus de la loi.

b. S'assumer dans un monde multipolaire conflictuel

L'expression monde multipolaire fait référence aux nombreuses puissances économiques, en opposition au monde bipolaire définissant l'opposition entre les États Unis et L'URSS comme seules puissances mondiales de la deuxième moitié du 2Oème siècle. Au rang de ces puissances actuelles, on distingue les États Unis, l'union Européenne, la Chine, le Japon, la Russie ainsi que des puissances régionales comme l'Inde, le Brésil, l'Égypte, l'Afrique du Sud et l'Argentine. Ainsi, l'émergence de nouveaux États industrialisés et l'accroissement de leur influence sur la scène internationale tendent de plus en plus à instaurer un monde multipolaire où de nombreux acteurs essayent de s'imposer les uns dépens des autres.[1] La RDC, pour faire face à cette nouvelle configuration du système interétatique, doit renforcer, en dehors de sa coopération avec la Chine, sa capacité de gérer les enjeux conflictuels entre, la Chine, l'Union Européenne et les Etats Unis d'Amérique, dont elle est la plaque tournante et sa coopération avec les pays émergents.

✓ *La capacité de gérer la dialectique des enjeux conflictuels entre la Chine, l'Union Européenne et les Etats Unis*

De toute évidence, la présence de la Chine en RDC suscite des réactions controversées de la part des puissances tutélaires de ce pays. Aujourd'hui plus qu'hier, la RDC est en train de devenir le théâtre des enjeux conflictuels entre, d'un côté, les pays développés, notamment l'Union Européenne et les Etats Unis, qui se sentent menacés dans leur hégémonie, et de l'autre, la nouvelle venue : la Chine. Au cœur de ces enjeux se trouvent les ressources stratégiques comme le pétrole et le gaz naturel, mais aussi les minéraux stratégiques, dont chacune des puissances compte avoir si possible, le monopole.

La critique qu'émettent les pays de l'Union Européenne vis-à-vis de la politique congolaise de la Chine est la question de l'aide liée. En fait, l'aide chinoise est doublement liée, d'une part, les projets financés par la Chine font essentiellement appel à des entreprises et à la main d'œuvre chinoises, au détriment de la main d'œuvre locale, et d'autre part, les financements de projets d'infrastructure sont systématiquement liés à l'octroi de concessions minières. Cependant, l'aide de l'Union

[1] Koffi, A., *Les enjeux de la coopération sino-africaine*, Mémoire de l'Ecole Nationale d'Administration du Togo, Lomé , disponible sur internet, *www.ena.tg*, consulté le 19 août 2019, p.28.

Européenne est aussi liée à un ensemble de conditionnalités visant à reformer l'économie congolaise dans un sens libéral.

Par ailleurs, il sied de faire remarquer que la nouvelle diplomatie congolaise de la Chine ne laisse pas indifférents les Etats-Unis. La visite de la Secrétaire d'Etat américaine Hillary Clinton en Août 2009, s'est sans nul doute inscrite dans cette logique. Le principal but de la visite de la Secrétaire d'Etat américaine en RDC est d'établir de nouveau l'hégémonie américaine dans ce pays, hégémonie qui est de plus en plus contestée par l'Union Européenne et la Chine. La place de la RDC dans la stratégie des Etats-Unis reste en substance la même, avec une Chine plus coriace, les Etats-Unis n'ont pas d'autre choix que de reconsidérer cette approche selon laquelle « les Etats n'ont pas d'amis, ils n'ont que des intérêts ».

En somme, dans la configuration géopolitique actuelle, la RDC semble subordonnée aux pays développés, d'où le besoin pour elle de savoir se mouvoir dans un système où les plus forts marchent sur les plus faibles. Aussi, elle doit resserrer la coopération avec les pays émergents.

✓ *La nécessité pour la RDC de resserrer la coopération avec les pays émergents*

L'acronyme « BRIC » a été inventé pour désigner les quatre principaux pays émergents (Brésil, Russie, Inde Chine) qui sont appelés à jouir un rôle de premier plan dans l'économie mondiale. On ajoute parfois à ce groupe le Mexique ou l'Afrique du Sud. Ces pays connaissent dans leur ensemble un accroissement de leur revenu par habitant et donc l'augmentation de leur part dans le revenu mondial. Ils se caractérisent par leur intégration rapide à l'économie mondiale d'un point de vue commercial (exportations) et financier (ouverture des marchés financiers aux capitaux extérieurs). Ainsi ces pays investissement de plus en plus à l'étranger.

La RDC se doit d'explorer toutes les pistes qui peuvent lui apporter des capitaux, de la technologie et les nouveaux pays émergents peuvent les lui assurer, à condition qu'elle définisse clairement une stratégie à leur égard. Bien plus, le commerce avec eux, peut profiter à la RDC et contribuer ainsi à la diversification de ses partenaires commerciaux.

En effet, la consolidation de l'Etat de droit ne suffit, il appert important d'orienter le projet d'infrastructure sino-congolais à la construction et à la réhabilitation des routes de dessertes agricole.

II. Construction des infrastructures de desserte agricole

II.1. Les routes de desserte agricole et la victoire contre la sous-alimentation et la pauvreté

Il faut se donner la peine de se rendre dans les milieux ruraux en vue de jauger et de juger les efforts quotidiens des paysans. Leurs activités champêtres impactent sur les milieux urbains. Ils vivent sans cesse de produits de la terre en provenance des centres ruraux considérés à juste titre comme des sources de vie des citadins et citadines.

La mobilité est de ce fait cruciale pour le Congo, vitale pour les populations rurales isolées. Désenclaver les bassins de production devrait être une priorité dans le projet de construction des infrastructures dans le cadre du contrat sino-congolais.

Maïs, manioc, riz, légumes quittent chaque jour les campagnes congolaises pour alimenter les villes en empruntant un vaste réseau de routes de desserte

agricole. Les produits manufacturés, le carburant et les autres matériaux font quant à eux le chemin inverse.[1]

De ces routes dépendent le développement des populations rurales et toute l'économie locale reposant sur l'agriculture. Le problème est que la plupart de ces routes sont en mauvais état, bien souvent depuis des décennies. Des régions entières sont enclavées, à peine accessibles à moto dans certains cas.

Réhabiliter ou construire une route rurale crée des emplois temporaires pendant la durée du chantier. La stratégie d'entretien mise en place reposant principalement sur le cantonnage (travail manuel d'entretien routier) génère des emplois permanents au niveau local. Des Comités Locaux d'Entretien Routier (CLER), constitués de riverains, doivent être mis sur pied. Ces revenus supplémentaires permettent aux cantonniers et à leur famille de faire face aux dépenses liées à l'éducation, à la santé, etc. Bien entendu, **toute la région profite aussi des retombées économiques du désenclavement : le transport et le commerce se développent.**

Le paragraphe suivant étudie le rôle du réseau routier dans une économie.

II.2. Rôles du réseau routier dans une économie

Le réseau routier est un ensemble des routes interconnectées au sein d'une région/territoire visant l'intégration et l'unification. Il joue un rôle important dans une économie par son action de mise en connexion de toutes les zones de production à celles de consommation.

[1] LuZolo N'Zeka, « Sans route de desserte agricole dans un état acceptable : point de victoire contre la sous-alimentation et la pauvreté » in *Journal Cité Africaine,* disponible en ligne sur internet, *www.citaf.com* , consulté le 16 août 2019, à 13 heures 10 minutes.

Le réseau routier constitue un des secteurs porteurs de croissance en ayant des effets d'entrainement sur d'autres secteurs. Il est au fait considéré comme une épine dorsale et un des secteurs moteurs de démarrage du processus de la croissance.

Dans le processus de création des richesses dans une économie, les routes permettent les transactions et les échanges commerciaux entre les régions en accordant une sorte de valeur ajoutée sur toutes les productions agricoles locales dans les milieux urbains, et cela par l'action de l'industrie manufacturière tout en évitant le cloisonnement des marchés sur une région.

De manière générale, le réseau routier agit sur le secteur agricole et sur le secteur de l'industrie manufacturière considérée comme les deux secteurs les plus sensibles pour le démarrage du processus de la croissance économique dans certains pays (cas de la RDC).

En d'autres termes, le processus de développement économique en tous lieux nécessite l'établissement d'un réseau routier adéquat car l'insuffisance et la non connexion des routes constituent un des éléments principaux qui entravent le développement des pays sous équipés, en l'occurrence de la RDC.

Comme l'avait dit le Professeur Ivon Bongoy : « il n'existe pas un seul pays qui se dit développé et qu'il a des problèmes des routes et inversement, il n'existe pas un seul pays qui a des infrastructures routières adéquates et que sa population vit dans la pauvreté ».[1]

---

[1] Bongoy, I., *Cours de théories de l'économie et des finances publiques*, UNIKIN/FASEG, 2011, p.94.

A. L'impact du réseau routier dans un pays

En jouant correctement leurs rôles dans une économie, particulièrement les RING et les routes de desserte agricole ont un impact significatif sur une économie nationale.

Nous voulons ici dans le cadre de notre analyse dégager l'impact découlant de l'existence d'un réseau routier adéquat tant sur le plan économique qu'administratif.

✓ **Au niveau économique**

Nous voulons ici dans le cadre de notre analyse montrer l'impact du réseau routier sur deux secteurs importants d'une économie. Il s'agit du secteur agricole et du secteur de l'industrie manufacturière.

De manière particulière, les routes d'intérêt général et celles de desserte agricole agissent en amont et en aval du secteur agricole. En amont, elles permettent l'acheminement des moyens de production (tracteurs, camions, intrants agricoles, produits finis) des villes vers les zones de production agricole. En aval, elles permettent l'évacuation de l'output agricole des zones de production vers l'industrie manufacturière (grandes villes).

Dans le processus de création des richesses, l'industrie manufacturière assurera la transformation de cet out put agricole en produits finis ou semi-finis, c'est-à-dire en biens intermédiaires, biens d'équipement ménagers ou professionnels, biens de consommation courante, etc.

Déjà à ce niveau, il y a augmentation de la valeur ajoutée et du niveau de produit intérieur brut, donc il y a création des richesses.

En touchant ces deux secteurs (agricole et industrie manufacturière), le réseau routier favorise :

❖ la création d'emplois et la mobilité des facteurs de production ;

❖ la naissance d'effets d'entrainement sur d'autres secteurs ;

❖ l'indépendance alimentaire du pays ;

❖ les transactions et échanges commerciaux entre provinces (intégration économique) ;

❖ la réduction de la pauvreté ;

❖ l'avènement des investissements lourds (étrangers et locaux), etc.

✓ **Au niveau administratif**

Par l'action qu'effectuent les RING, celle de la liaison des provinces entre elles et avec le pouvoir central, le réseau routier influe sur l'instauration de l'unité nationale et de l'autorité de l'Etat, il permet la communication du pouvoir central et des entités administrées.

De manière générale, le réseau routier favorise :

❖ l'intégration économique et territoriale ;

❖ la mobilité interne ;

❖ la reconnaissance nationale ;

❖ le patriotisme ;

❖ le rapprochement entre les dirigeants et les dirigés, etc.

En effet, la politique de transport conduit également à la construction de la cohésion nationale.

II.3. Une politique de transport pour une cohésion de la RDC

a) Les transports entre économie et géopolitique : des choix cruciaux

Le transport, outil de l'aménagement du territoire, est la clé de voûte du développement. La simultanéité entre l'évolution régressive qu'a connue le Congo-Zaïre et la désagrégation de son système de transport en apporte la preuve.[1] Il suffit d'observer l'état des routes pour mesurer la déroute de l'État. La priorité à accorder à la réhabilitation des systèmes de transport fait aujourd'hui l'unanimité, mais les choix des actions prioritaires, la progressivité de la reconstruction animent des débats révélateurs de conflits d'intérêt entre acteurs.

La RDC a hérité d'un système de transport multimodal fondé initialement sur la complémentarité entre la voie d'eau et le rail, celui-ci permettant de contourner les sections non navigables. La « voie nationale », destinée à relier le Katanga à Matadi, a été conçue elle aussi sur le modèle fluvio-ferroviaire. Les routes servaient de voies de rabattement vers le réseau navigable ou ferroviaire, les ports et les gares constituant autant de nœuds d'un système complexe qui fut performant tant qu'une autorité forte assura la gestion de chacun de ses maillons. La chaîne s'est brisée après l'indépendance faute d'un encadrement efficace. Les offices nationalisés (Onatra, SNCC) ont failli à leur mission en devenant de lourdes bureaucraties à l'emploi pléthorique, obérées par le « mal zaïrois », petits vols au quotidien d'un personnel d'exécution mal rémunéré et détournements massifs des cadres dirigeants. Le succès des politiques de reconstruction des systèmes de transport

[1] Pourtier, R., « Reconstruire le territoire pour reconstruire l'État : la RDC à la croisée des chemins » in *Afrique contemporaine,* n°227, mars 2008, pp.23-52.

ne se limite pas aux infrastructures, il impose des réformes structurelles profondes : l'aménagement du territoire, comme la décentralisation, ne réussiront pas sans un renouveau du management et de la gouvernance.

b) Les voies navigables : un potentiel unique en Afrique mais mal valorisé

La RDC est le pays africain le mieux doté, et de loin, en voies navigables. L'artère maîtresse du Congo prolongé par l'Oubangui a toujours vocation à être l'épine dorsale d'un vaste système de transport fluvial à l'échelle nationale et sous régionale. Dans la cuvette et les régions lacustres, les voies navigables forment la trame naturelle d'un réseau de circulation sur lequel se greffent les routes de liaison interurbaine et de desserte des espaces ruraux. Le développement des échanges par voie d'eau est moins un problème d'infrastructure que de reconstitution d'une flotte opérationnelle. Le projet minier sino-congolais devrait prendre en considération cet aspect de choses. La reprise du cabotage intérieur, conditionnée par le rétablissement de la sécurité et la réalisation de travaux de réhabilitation des ports et des chenaux de navigation (dragage, balisage), peut être relativement rapide et assez peu onéreuse. Le transport fluvial retrouverait alors son rôle dans l'approvisionnement de Kinshasa en produits vivriers en provenance du Bandundu, et dans le désenclavement de la région de Kisangani dont les échanges restent entièrement tournés vers l'Afrique de l'Est. La réhabilitation de la plus remarquable voie navigable du continent autorisera l'exploitation forestière (environ 20 millions d'hectares en concessions en 2005) et renforcera la coopération régionale (actions coordonnées par la Commission internationale Congo Oubangui Sangha – CICOS). Elle pourrait être une action phare de l'aménagement du territoire, si du moins elle était portée par une volonté politique forte, ce qui n'est pas sûr dans un contexte à nouveau fortement dominé par les enjeux miniers.[1]

c) Le réseau routier : fondement de la structuration de l'espace

L'absolue nécessité de réhabiliter le réseau routier fait en revanche l'unanimité des acteurs, publics ou privés, nationaux ou bailleurs internationaux. Le chantier est gigantesque. Le rétablissement du réseau théorique de 180 000 km légué par le Congo belge n'est qu'une projection dans le très long terme d'un maillage idéal. Il y a longtemps que l'Office des routes a redéfini des axes prioritaires parmi les 58 000 km qu'il a en charge (le reste du réseau, sous la responsabilité de la Direction des voies et dessertes agricoles – DVDA – relève de l'agriculture). Le maillage principal (Ring 1, 11 679 km) est conçu pour mettre en relation l'ensemble des chefs-lieux de province. Un maillage secondaire dit « réseau d'intégration » (Ring 2, 19 107 km) le complète. Le tout articulé sur le réseau urbain ne manque pas de cohérence. Toutefois, ce schéma plaqué sur l'organigramme des encadrements administratifs ne reflète pas forcément la réalité des dynamiques économiques. Dans un document finalisé en mars 2007, la FEC, Fédération des entreprises du Congo, se dit « convaincue que le redressement de l'économie nationale doit partir de l'intérieur du pays, c'est-à-dire des provinces ». Elle est porteuse d'un point de vue « décentralisé », qui se veut plus proche du terrain que les bureaucraties centrales ayant en charge le secteur des transports. Le réseau routier étant déjà statutairement hiérarchisé, les travaux de construction et d'entretien peuvent s'inscrire sans difficulté dans l'architecture de la décentralisation. Les routes d'intérêt local ont vocation à relever des entités décentralisées, en particulier les

---

[1] Pourtier, R., Art.Cit., pp.23-52.

provinces. L'armature générale du réseau d'unité nationale est quant à elle placée sous la tutelle du gouvernement (ministère des Infrastructures, des Travaux publics et de la Reconstruction). Tout cela reste cependant bien théorique et sous la dépendance des financements extérieurs. Depuis la reprise de l'aide internationale en 2002, les bailleurs de fonds, multilatéraux et bilatéraux, interviennent dans de nombreux programmes routiers, mais ils agissent en ordre dispersé. La nécessité s'impose d'une coordination qu'assurerait un schéma d'aménagement du territoire. Les incidences du récent accord conclu avec la Chine soulignent l'urgence d'une politique davantage coordonnée car les choix en matière d'infrastructures de transport dessinent les lignes de force du territoire de demain.[1]

Par ailleurs, ces routes ne serviront à rien s'il n'existe pas des pôles de production agricole ou encore une politique agricole adéquat permettant la production des produits vivriers.

III. Construction des parcs agro-industriels

III.1. L'agriculture dans les politiques publiques nationales

Pour le gouvernement congolais, l'agriculture a souvent été nommée comme « priorité des priorités » mais n'a jamais été sujette à la mise en place concrète de politiques publiques ou budgétaires. Entre 2007 et 2013, maximum 3% du budget national est alloué à l'agriculture alors que la RDC s'était engagée, en signant la déclaration de Maputo en 2003, à consacrer au moins 10% de son budget national au secteur agricole (agriculture, élevage et pêche).

[1] Pourtier, R., Art.Cit., pp.23-52.

Ce n'est qu'à partir de 2009 qu'une Note de Politique Agricole est publiée, reprenant l'ensemble des projets pensés depuis 1966. Cette note est suivie en 2010 par un document de Stratégie sectorielle de l'agriculture et du développement rural (SSADR).

Cette stratégie propose entre autres l'attribution de budgets, l'investissement dans la recherche agricole ou encore la relance du secteur par la promotion d'une agriculture familiale et industrielle. Ces orientations sont en cohérence avec le Document de Stratégie de Croissance et de Réduction de la Pauvreté (DSCRP). Dans le DSCRP 2 (2011-2015), le gouvernement confirme ces orientations stratégiques et réaffirme sa vision pour relancer l'agriculture et assurer la sécurité alimentaire. L'État congolais veut redynamiser la structure productive du monde rural axée sur le développement d'une production agroindustrielle moderne et sur le renforcement des petits exploitants, tout en assurant la protection des ressources naturelles du pays.

Fin 2011, la RDC se dote d'une loi portant principes fondamentaux relatifs au secteur de l'agriculture qui vient combler un vide en apportant une assise juridique à la politique agricole congolaise[6]. Cette loi crée un cadre propice au développement de l'agriculture familiale qui y est reconnue comme la pierre angulaire de l'économie congolaise, mais elle reste succincte et vague sur de nombreux points et, cinq ans plus tard, sa mise en œuvre se fait encore attendre. Toujours en 2011, le gouvernement congolais adopte le Programme Détaillé de Développement de l'Agriculture en Afrique (PDDAA) initié par l'Union africaine. L'objectif est de consacrer au moins 10% du budget national au secteur agricole et d'imprimer un taux de croissance à la production agricole d'au moins 6% par an sur la période 2011-2015. Pour y parvenir, le gouvernement congolais met en place un Plan national d'investissement agricole (PNIA) pour la période 2013-2020 qui constitue un cadre fédérateur et de planification de fonds nationaux et extérieurs pour toutes les actions de développement agricole et rural.

Le développement agricole de la RDC reste un enjeu majeur pour la prochaine décennie. Il permettra, ou non, de contribuer à la sécurité alimentaire du pays, mais également à la lutte contre la pauvreté, qui est essentiellement rurale. Différents diagnostics ont d'ores et déjà été réalisés et convergent vers un constat identique : d'une part, l'absence de politique agricole et les tracasseries multiples lors de la mise en marché des produits agricoles ont sapé jusqu'ici les initiatives des ruraux pour l'approvisionnement alimentaire de la RDC ; d'autre part, les produits alimentaires de base importés et vendus aux citadins congolais sont de plus en plus chers, sans que cela incite véritablement les producteurs locaux à produire. On peut donc regretter ce paradoxe congolais qui trouve, selon nous, son origine dans ce que l'on appelle communément la mauvaise gouvernance ou l'environnement des affaires en RDC.

Il ne nous semble pas y avoir d'obstacle insurmontable pour le développement agricole du Congo, mais il est urgent d'adopter des politiques agricoles qui favorisent les agriculteurs. L'exemple de l'Algérie démontre qu'il n'existe pas de fatalité à la dépendance alimentaire. Ainsi, ce pays qui figurait parmi les cinq plus gros pays importateurs de blé dur et tendre est parvenu à atteindre le seuil de l'autosuffisance. Un résultat à attribuer à la politique gouvernementale de promotion de la céréaliculture, caractérisée par l'achat de la production locale au prix du cours mondial par l'Office public des céréales, qui a également prévu de taxer les blés d'importation pour les aligner sur les prix locaux. La mise en œuvre de cette nouvelle politique agricole ne sera pas neutre et il y aura des gagnants (les pauvres, les paysans, les ruraux) et des perdants (le secteur minier, les citadins, les sociétés importatrices et, dans un premier temps, le budget de l'État congolais, car il est plus facile de prélever des taxes sur les importations que d'imposer les paysans), mais la relance de l'agriculture congolaise est à ce prix. Par ailleurs, l'expérience démontre que, sans volonté politique forte de redonner du pouvoir aux ruraux (dont du « pouvoir d'achat »), une relance durable de l'agriculture congolaise n'est pas possible (« No Will, No Way »). La communauté des partenaires techniques et financiers de la RDC, en attente et à la recherche d'un impact réel et tangible de ses interventions, devrait ainsi s'engager dans un processus plus volontariste de dialogue politique sectoriel agricole.

La dynamisation de l'administration agricole et des associations paysannes doit être un objectif prioritaire pour la relance agricole. Devant une administration défaillante, la faiblesse et le manque de structuration des organisations paysannes sont particulièrement patents en RDC et ce malgré certaines expériences que l'on peut qualifier de « success stories ». À ce jour, il existe une multitude d'associations et d'organisations œuvrant dans le milieu rural congolais sous différentes formes, mais la représentativité est souvent discutable et le regroupement en fédérations de territoire ou de province fait régulièrement défaut, ou est issue d'une logique « top bottom ». Cela complique la mise en œuvre effective de la décentralisation pour des stratégies mieux adaptées aux réalités locales.[1]

Sur cette lancée, notons que le secteur agricole occupe une place prépondérante dans le développement de la RDC.

---

[1] AgCLIR. 2010 (octobre). Diagnostic de la réforme commerciale, juridique et institutionnelle dans le secteur agricole de la République démocratique du Congo. USAID.

III.2.la place du secteur agricole dans le développement de la RDC

La République démocratique du Congo est reconnue comme un pays à fort potentiel disposant aussi bien de ressources considérables dans son sous-sol que d'une terre des plus fertiles.

Ces potentialités peuvent lui permettre de générer un taux de croissance à deux chiffres. Pourtant, selon la Banque centrale du Congo, il ne devrait pas dépasser les 6 %, du fait de la baisse des cours des matières premières et de l'absence de mécanismes de diversification des sources de revenus.

Tous les regards se tournent, logiquement, vers le secteur de l'agriculture, qui emploie 60 % des Congolais et qui devrait constituer l'une des composantes essentielles de l'économie à travers l'approvisionnement du marché national, l'amélioration continue de la sécurité alimentaire, la réduction des importations et l'augmentation des exportations.

Ce secteur a contribué, en 2013, à hauteur de 40 % du PIB, mais, paradoxalement, et malgré l'enjeu, il ne reçoit que très peu de financements. La RD Congo bénéficie pourtant d'une remarquable diversité de climats qui lui offre des possibilités de cultures très variées, avec une superficie de terres agricoles inégalée en Afrique.

Fort de son potentiel, la République Démocratique du Congo est le grenier et une puissance agricole mondiale en devenir. Il regorge 80 millions d'hectares des terres arables, 4 millions d'hectares de terres irriguées et de nombreuses cours d'eau comportant d'importantes ressources halieutiques. Le secteur agricole congolais dispose d'une grande capacité de création d'emplois, d'accroissement des revenus et d'amélioration du cadre de la vie.

Pour éliminer l'extrême pauvreté et réduire la proportion des personnes qui souffrent de la faim et de la malnutrition, le gouvernement s'est fixé les objectifs stratégiques suivants : (i) renforcer la contribution à la croissance économique ; (ii) restaurer la sécurité alimentaire du pays ; (iii) réduire la pauvreté et la précarité dans les milieux ruraux ; (iv) accroitre la production des produits vivriers et pérennes ;(v) Améliorer la valeur ajoutée de la production agricole. Tout en s'appuyant sur le Plan National d'Investissement Agricole (PNIA) élaboré depuis 2012, les interventions sont menées autour de quatre axes stratégiques suivant : (i) la gestion administrative et stratégique ; (ii) le développement des filières végétales ; (iii) le développement des filières animales ; (iv) le développement des filières halieutiques. Les principales actions de relance du secteur agricole et rural portent sur la réhabilitation des infrastructures routières, la réalisation des campagnes agricoles en cultures vivrières, la mobilisation de l'investissement conséquent public et privé à travers les programmes « Pôles de croissance », « Parcs agro-industriels » et la relance du Domaine Agro-industriel de la Nsele (DAIPN). Aussi, plusieurs programmes et projets ont été initiés et exécutés. Il s'agit notamment des programmes « Pôles de croissance », « Parcs agro-industriels » et la relance du Domaine Agro-industriel de la Nsele (DAIPN) pour développer le secteur agricole et créer des emplois dans le milieu rural et périurbain ; du projet d'appui à la réhabilitation et à la relance du secteur agricole (PARRSA), du projet d'appui au développement des infrastructures rurales (PADIR), du projet d'appui au développement de l'Agroforesterie (PADA), du programme intégré de réhabilitation de l'agriculture au Maniema (PIRAM), du Programme d'appui aux pôles d'approvisionnement (PADA).[1]

---

[1] Rapport national d'évaluation à mi-parcours sur la mise en œuvre du

En effet, l'industrialisation a aussi sa place lorsqu'il faut promouvoir le développement de la RDC.

III.3. L'industrialisation de la RDC

L'observation statistique indique une corrélation entre espace pauvre et espace non-industrialisé, entre espace riche et espace industrialisé. Ceci dit, on peut déduire une relation de cause à effet entre industrialisation et développement. Aussi, l'industrialisation constitue un indice de développement en ce sens que dans tous les pays où elle s'est réalisée, la révolution industrielle a coïncidé avec une augmentation rapide et forte du taux de croissance. Il y va sans dire que le pouvoir de l'industrialisation d'assurer le développement accéléré est évident.

L'industrialisation de la RDC doit être l'horizon de son partenariat stratégique avec la Chine. L'intérêt supérieur et les priorités de la reconstruction de la RDC commandent que les investissements directs chinois soient orientés vers l'industrie lourde (transformation des matières premières), l'industrie d'équipement, l'industrie légère (transformation des produits de l'industrie lourde en produits finis ou semi-finis), l'industrie électrique et électrotechnique etc. , d'autres secteurs prioritaires sont l'énergie (barrage d'Inga et les micros barrages sur les rivières, le pétrole de Moanda et du lac Albert et le gaz du lac Kivu.

Par ailleurs, cette mobilisation des investissements chinois, ne peut être couronnée de succès que si la RDC assume sa part du fardeau. Au lieu de se présenter les mains vides et d'implorer la commisération de son partenaire, les dossiers doivent être bien préparés et bien ficelés, les petites et moyennes entreprises congolaises mobilisées, les gouvernements des provinces et la société civile associés.

Programme d'Action en faveur des Pays les Moins Avancés (PMA) pour la décennie 2011-2020, Avril 2016.

Conclusion partielle du troisième chapitre

En conclusion, ce chapitre nous a permis de comprendre que pour que les contrats sino-congolais impact de manière significative le développement socio-économique de la République démocratique du Congo, il faut consolider l'Etat de droit, prioriser la construction des routes de desserte agricole et enfin construire des pars agro-industriels.

CONCLUSION GENERALE

Somme toute, en considérant la situation socioéconomique de la République Démocratique du Congo des années 1990 et 2000 caractérisée par le développement du cercle infernal de la pauvreté, cette paupérisation de la population se mesure par le différentiel entre le taux de croissance économique et le croît démographique, la défectuosité des routes, l'écroulement ainsi que la vétusté des ouvrages de franchissement, des ponts et des bacs, la désarticulation du cadre macroéconomique, l'insécurité grandissante dans sa partie orientale, il était alors opportun de mettre sur pied une politique de reconstruction du pays. La problématique de reconstruction de la RDC devenait de ce fait non seulement une nécessité mais surtout une urgence, il n'y avait plus qu'un seul leitmotiv : « les cinq chantiers de la République. » Il s'agit, en effet, d'un seul programme du gouvernement fondé principalement sur les infrastructures de base et des voies de communications (routes, voies ferrées, aéroports et ports, voies fluviales, eau et électricité, santé et éducation, habitat et emploi). C'est dans ce contexte bien précis que des besoins prioritaires se sont dégagés par rapport à la reconstruction de ce pays ravagé par les années de guerre. En considérant les accords sur le financement du développement des infrastructures de la RDC par l'exploitation des ressources minières que le gouvernement de la RDC a signé respectivement le 09 Août 2007 avec la SINOHYDRO, le 16 Août 2007 avec l'EXIM BANK et le 17 Août 2007 avec la CREC, ainsi que les accords conclus par elles sur la reconstruction de la RDC ; notre problématique a consisté à étudier, analyser la contribution du consortium de sociétés chinoises au développement de la RDC.

Nous pouvons indiquer in fine que pour autant que la RDC possède d'énormes potentialités agricoles, source principale des revenus pour 70% de la population. Il est donc important, voire impérieux que les voies de desserte agricole soient construites et régulièrement entretenues pour faciliter l'évacuation et l'écoulement des produits agricoles provenant des exploitations agricoles familiales, où qu'elles soient. Cependant, ces routes ne les sont pas. Et c'est à ce niveau que doit s'appesantir de manière prioritaire les projets d'infrastructures du contrat sino-congolais. Cet état de choses associé au découpage du pays en 26 provinces exige que la politique nationale en matière routière soit revue pour que soient impliquées les organisations paysannes dans la gestion de ces infrastructures. Et pour que tout ceci soit possible, il faut absolument renégocier le contrat. La renégociation permettra d'égaliser les parts des sociétaires dans la SICOMINES pour un bon suivi et une bonne traçabilité des fonds car, cela devra booster la production et accélérer le remboursement. Cette renégociation devra apporter les précisions de taille sur la hauteur, le cout des infrastructures à construire et sa proportionnalité par rapport aux revenus tirés du gisement minier d'environ 10 millions de tonnes de cuivre et 625 000 tonnes de cobalt. La République Démocratique du Congo devrait également améliorer son système de gouvernance afin d'offrir un environnement favorable à la croissance, la fourniture de services publics efficaces qui contribuent à réduire la pauvreté. Cette bonne gouvernance permettra une gestion efficace et efficiente des projets d'infrastructure en termes de cout et de durabilité.

Bien plus, en RDC comme ailleurs le cercle vertueux du développement passe par l'ouverture de l'économie paysanne sur le marché, la demande urbaine étant un des principaux vecteurs du développement rural. La déstructuration du territoire a conduit à une économie de sous-production : le rétablissement du lien entre lieux de production et lieux de consommation devrait réveiller des capacités productives actuellement en sommeil. La réhabilitation des routes de desserte agricole est sans aucun doute la condition première de valorisation d'un potentiel agricole sous-exploité : maintes observations confirment que dès l'instant où une possibilité de mise en marché se présente, la production augmente, dégageant des surplus pour la vente. Plus que les progrès agronomiques, c'est la possibilité d'accéder au marché qui conditionne le volume des productions vivrières commercialisables.

REPERES BIBLIOGRAPHIQUES

1. Amin, S., *L'accumulation à l'échelle mondiale, Critique de la théorie du Sous-développement*, Paris, éditions Anthropos, 1970

2. Angelopoulos, A., *Le Tiers-Monde face aux pays riches*, Paris, PUF, 1972

3. ASIBOG, IBGDH, Rapport d'évaluation des impacts du projet Sicomines sur les droits des communautés locales dans la région de Kolwezi, décembre 2014.

4. Beuret, M., et Michel, S., « La Chine a-t-elle un plan en Afrique ? », *Afrique contemporaine*, 4, n° 228, 2008

5. Beuret, M., et Michel, S., « La Chine a-t-elle un plan en Afrique ?» in *Afrique contemporaine* n° 228

6. Bongoy, I., *Cours de théories de l'économie et des finances publiques*, UNIKIN/FASEG, 2011

7. Booysen, H., *Principes du droit du commerce international comme un système moniste,* 2003,

8. Chaponnière J.R., « Un demi-siècle de relations Chine-Afrique. Évolution des analyses », in *Afrique contemporaine,* 4, n° 228, 2008

9. Chesneaux, J., *L'Asie orientale aux XIXème et XXème siècles*, Paris, PUF, 1966

10. Clark, S., Smith, M., and Wild, F., 'China in Africa: Young Workers, Deadly Mines', Bloomberg Markets, September 2008.

11. Contrat Chine RDC, signé avec la SINOHYDRO, l'EXIM BANK et la CREC.

12. Convention de collaboration entre la Chine et la RDC sur le contrat sino-congolais.

13. Cros, M., « RDC: conflit entre Kinshasa et des investisseurs chinois »,disponible en ligne sur internet, *https://afrique.lalibre.be/9696/rdc-conflit-entre-kinshasa-et-des-investisseurs-chinois/,* consulté le 17 août 2019, à 13 heures.

14. Delcourt, L., « La Chine en Afrique : enjeux et perspectives », in *Alternatives,* vol 18, Juillet 2011

15. Financial Time, « Ethiopia looks east to slip reins of Western orthodoxy », 6 février 2007.

16. Girouard, E., « La Chine en Afrique. Néocolonialisme ou nouvel axe de coopération Sud/Sud ? Un survol des enjeux », *Forum Afrique-Canada*, CCIC-CCCI, avril 2008

17. Ibanda Kabaka, P., « La Chine en RD Congo: relecture du contrat infrastructures contre minerais », in *HAL*, disponible en ligne sur *archives-ouvertes.fr*, consulté le 16 août 2019, à 8 heures 10 minutes

18. Jacquemot, P., « La résistance à la « bonne gouvernance » dans un État africain », *Afrique contemporaine*, n°227, Mars 2008

19. Kabange Nkongolo, C., « La révision par l'Etat des contrats conclus avec les personnes privées : cas des contrats miniers en RD Congo », disponible en ligne sur *http://www.llm/UniversityofSouth,*_consulté le 22 octobre 2019, à 22 heures 39 minutes.

20. Kabou, A., *Et si l'Afrique refusait le développement*, Paris, L'Harmattan, 1994,

21. Koffi, A., *Les enjeux de la coopération sino-africaine*, Mémoire de l'Ecole Nationale d'Administration

du Togo, Lomé, disponible sur internet, *www.ena.tg*, consulté le 19 août 2019

22. Labana, L., *La coopération internationale* Kinshasa, Médiaspaul, 2006,

23. Large D., « Beyond the Dragon in the Bush : The Study of China-Africa Relations », in *African Affairs*, n°107

24. Loi n 004/2002 du 21 Février 2002 portant code des investissements.

25. LuZolo N'Zeka, « Sans route de desserte agricole dans un état acceptable : point de victoire contre la sous-alimentation et la pauvreté » in *Journal Cité Africaine*, disponible en ligne sur internet, *www.citaf.com* , consulté le 16 août 2019, à 13 heures 10 minutes.

26. Marchesin, P., *Introduction aux relations internationales,* Paris, Ed. Karthala, 2008

27. Marysse, S., et Geene, S., « Les contrats chinois en rdc : l'impérialisme rouge en marche ? », in *L'Afrique des grands lacs*. Annuaire 2007-2008,

28. Marysse, S.,''Le bras de fer entre la Chine, la RDC et le FMI : la révision des contrats chinois en RDC'', in *Afrique des grands lacs*, Annuaire 2009-2010,

29. Muhigirwa Rusembuka, F., *Les enjeux de la convention minière RDC-CHINE. Analyse du contrat chinois par les experts*, Kinshasa, CEPAS

30. Mupinganayi, K., *Les défis de la nouvelle RDC*, Kinshasa, Ed. FCK, 2003,

31. Ndaywel E Nziem, I., *Nouvelle historique du Congo, des origines à la République Démocratique du Congo*, Bruxelles et Kinshasa, Le Cri et Afrique Editions, 2008

32. Ngoie Tshibambe, G., « Les relations sino africaines », in *Congo Afrique*, n° 418, Octobre 2007

33. Nguyen, E., *Les relations Chine-Afrique: l'empire du Milieu à la conquête du continent noir*, Levallois Perret, Studyrama, 2009

34. Niquet, V., « L'offensive africaine de la Chine », in *La Lettre du centre Asie IFRI*, n° 11, 2 février, 2007.

35. Pourtier, R., « Reconstruire le territoire pour reconstruire l'État : la RDC à la croisée des chemins » in *Afrique contemporaine,* n°227, mars 2008,

36. Prichard Robert, *Développement économique, investissement étranger et droit*, 1996

37. Rapport annuel 2015, 2016, 2017 de l'Agence Congolaise des Grands Travaux.

38. Rapport Global Witness, La Chine et le Congo : des amis dans le besoin, rapport publié le 11 mars 2011.

39. Rapport national d'évaluation à mi-parcours sur la mise en œuvre du Programme d'Action en faveur des Pays les Moins Avancés (PMA) pour la décennie 2011-2020, Avril 2016.

40. Rapport socio-economique 2011-12 et perspectives 2013, Ministère du Plan et de Suivi de la Mise en œuvre de la Révolution de la Modernité

41. Rapport socio-economique 2011-12 et perspectives 2013, Ministère du Plan et de Suivi de la Mise en œuvre de la Révolution de la Modernité

42. Rebol, M., « *Why the Beijing Consensus is a Non consensus : Implications for Contemporary China-Africa Relations », Culture Mandala : Bulletin of the Centre for East-West Cultural and Economic Studies*, vol 9-1, septembre-décembre, 2010

43. Serge, M., et Beuret, M., *La ChineAfrique, Pékin à la conquête du continent noir,* Paris, Illustré, 2008.

44. Shaye, L., *La Chine, une opportunité et non une menace pour l'Afrique*, Paris, Fondation Gabriel Péri, 2008

45. Vircoulon, T., « Autopsie d'une controverse internationale le partenariat sino-congolais sous le feu des critiques », in *Temps modernes*, N°179, Novembre 2016

46. Wintgens, S., et Kabamba, B., « Le péril jaune en RDC : mythe ou réalité ? », in *L'Afrique, Nouveau terrain de jeu des émergents,* Paris, Karthala, 2014

47. Les cinq chantiers de la RDC » in *Jeune Afrique magazine* n° 2545 - 2546, du 18 au 31 octobre 2009

48. « Sommet Beijing et troisième conférence ministérielle sur le forum de coopération sino-africain », disponible sur *www.french.xinhuanet.com,* consulté le 03/01/2O19, à 11 heures 03 minutes.

49. « Sommet Beijing et troisième conférence ministérielle sur le forum de coopération sino-africain », disponible sur *www.french.xinhuanet.com,* consulté le 05 janvier 2O19, à 22 heures 12 minutes.

50. « Allocution du Président JIANG ZEMIN, lors de la cérémonie d'ouverture du forum sur la coopération sino-africaine à Beijing, le 10 octobre 2000 », disponible sur*www.french.xinhuanet.com,* consulté le 03/01/2019, à 11 heures 05 minutes.

51. « Conférence de Bandung », disponible sur *www.wikipedia.org/conférence* de Bandung, consulté le 03/01/2019, à 11 heures 01 minutes.

52. « Contrats chinois : l'Asadho exige l'audit des infrastructures » en ligne sur
https://7sur7.cd/index.php/contrats-chinois-lasadho-exige-

laudit-des-infrastructures, consulté le 12 août 2019, à 12 heures 30 minutes.

53. « Les cinq chantiers de la RDC », disponible sur *www.cinqchantiers rdc.com*, consulté le 15 janvier 2019, à 19 heures 30 minutes.

54. « Les producteurs de Mbanza Ngungu demandent au futur gouverneur de prioriser les routes de desserte agricole », disponible en ligne sur internet, *https://www.radiookapi.net/2019/03/29/actualite/societe/les-producteurs-de-mbanza-ngungu-demandent-au-futur-gouverneur-de,* consulté le 12 août 2019 à 13 heures.

55. « Sans routes de desserte, les paysans retournent au troc », informations disponibles sur internet, *http://business-et-finances.com/sans-routes-de-desserte-les-paysans-retournent-au-troc/,* consulté le 22 août 2019, à 12 heures 30 minutes.

56. AgCLIR. 2010 (octobre). Diagnostic de la réforme commerciale, juridique et institutionnelle dans le secteur agricole de la République démocratique du Congo. USAID.

TABLE DES MATIERES

Structures éditoriales du groupe L'Harmattan

L'Harmattan Italie
Via degli Artisti, 15
10124 Torino
harmattan.italia@gmail.com

L'Harmattan Hongrie
Kossuth l. u. 14-16.
1053 Budapest
harmattan@harmattan.hu

L'Harmattan Sénégal
10 VDN en face Mermoz
BP 45034 Dakar-Fann
senharmattan@gmail.com

L'Harmattan Cameroun
TSINGA/FECAFOOT
BP 11486 Yaoundé
inkoukam@gmail.com

L'Harmattan Burkina Faso
Achille Somé – tengnule@hotmail.fr

L'Harmattan Guinée
Almamya, rue KA 028 OKB Agency
BP 3470 Conakry
harmattanguinee@yahoo.fr

L'Harmattan RDC
185, avenue Nyangwe
Commune de Lingwala – Kinshasa
matangilamusadila@yahoo.fr

L'Harmattan Congo
67, boulevard Denis-Sassou-N'Guesso
BP 2874 Brazzaville
harmattan.congo@yahoo.fr

L'Harmattan Mali
ACI 2000 - Immeuble Mgr Jean Marie Cisse
Bureau 10
BP 145 Bamako-Mali
mali@harmattan.fr

L'Harmattan Togo
Djidjole – Lomé
Maison Amela
face EPP BATOME
ddamela@aol.com

L'Harmattan Côte d'Ivoire
Résidence Karl – Cité des Arts
Abidjan-Cocody
03 BP 1588 Abidjan
espace_harmattan.ci@hotmail.fr

Nos librairies en France

Librairie internationale
16, rue des Écoles
75005 Paris
librairie.internationale@harmattan.fr
01 40 46 79 11
www.librairieharmattan.com

Librairie des savoirs
21, rue des Écoles
75005 Paris
librairie.sh@harmattan.fr
01 46 34 13 71
www.librairieharmattansh.com

Librairie Le Lucernaire
53, rue Notre-Dame-des-Champs
75006 Paris
librairie@lucernaire.fr
01 42 22 67 13

www.ingramcontent.com/pod-product-compliance
Lightning Source LLC
LaVergne TN
LVHW010937051026
849532LV00003B/1011
* 9 7 8 2 3 4 3 2 4 0 3 9 8 *